PENSE COMO UM CAVALO

PENSE COMO UM CAVALO

O que um treinador de cavalos tem a ensinar
sobre vida, liderança e empatia

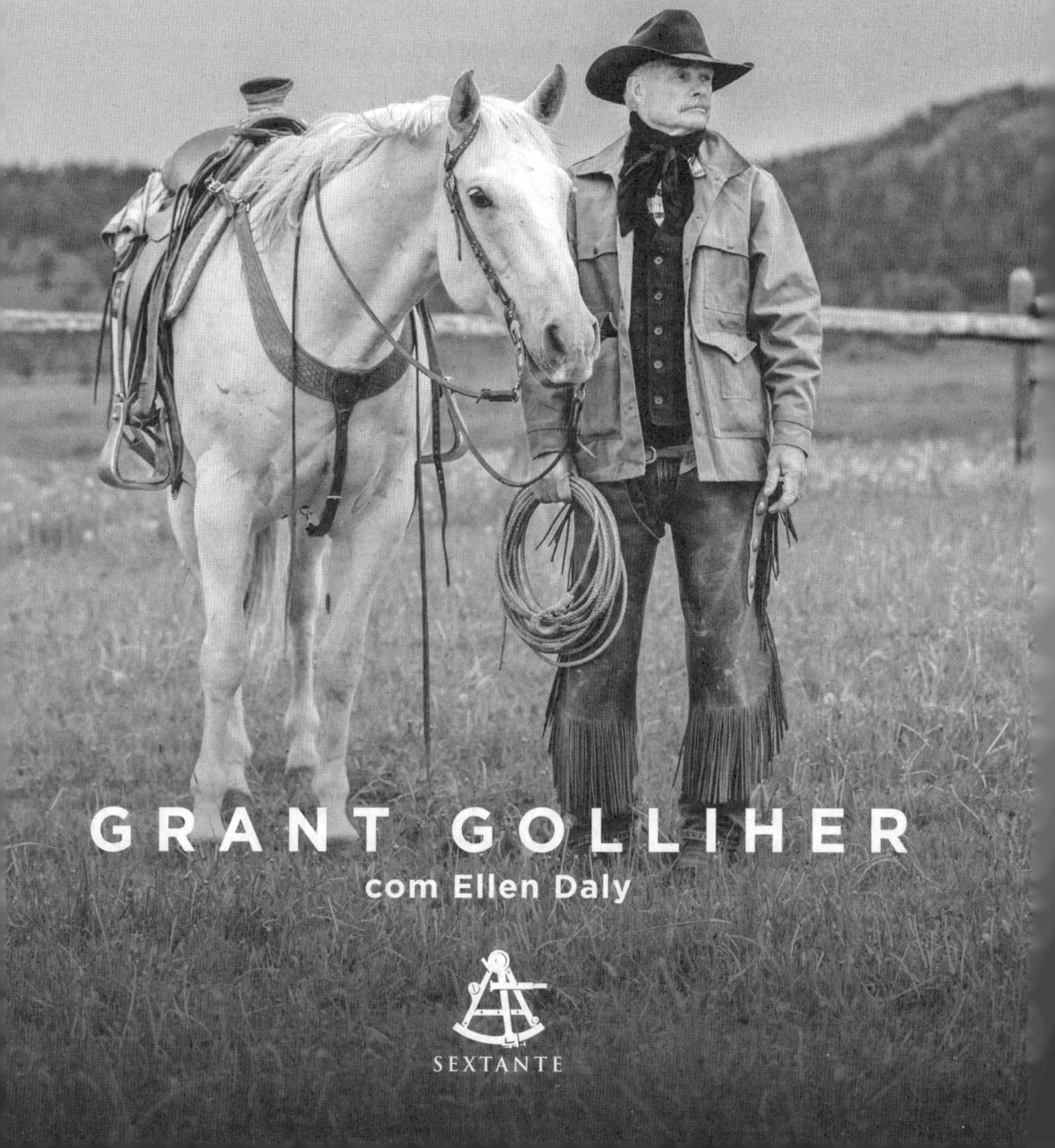

GRANT GOLLIHER
com Ellen Daly

Título original: *Think Like a Horse*
Copyright © 2022 por Unbridled Horses, LLC
Copyright da tradução © 2023 por GMT Editores Ltda.
Publicado em acordo com G.P. Putnam's Sons, um selo do Penguin Publishing Group, uma divisão da Penguin Random House LLC

Todos os direitos reservados. Nenhuma parte deste livro pode ser utilizada ou reproduzida sob quaisquer meios existentes sem autorização por escrito dos editores.

tradução: Ivanir Calado
preparo de originais: Beatriz Ramalho
revisão: Midori Hatai e Rachel Rimas
diagramação: Ana Paula Daudt Brandão
capa: Natali Nabekura
imagem de capa: cortesia de Chris Douglas
impressão e acabamento: Bartira Gráfica

CIP-BRASIL. CATALOGAÇÃO NA PUBLICAÇÃO
SINDICATO NACIONAL DOS EDITORES DE LIVROS, RJ

G587p

Golliher, Grant
  Pense como um cavalo / Grant Golliher, Ellen Daly ; tradução Ivanir Calado. - 1. ed. - Rio de Janeiro : Sextante, 2023.
  208 p. ; 23 cm.

  Tradução de: Think like a horse
  ISBN 978-65-5564-607-8

  1. Golliher, Grant. 2. Cavalos - Comportamento. 3. Relação homem-animal. 4. Autorrealização (Psicologia). 5. Técnicas de autoajuda. I. Daly, Ellen. II. Calado, Ivanir. III. Título.

23-82344
CDD: 158.1
CDU: 159.947.3

Meri Gleice Rodrigues de Souza - Bibliotecária - CRB-7/6439

Todos os direitos reservados, no Brasil, por
GMT Editores Ltda.
Rua Voluntários da Pátria, 45 – Gr. 1.404 – Botafogo
22270-000 – Rio de Janeiro – RJ
Tel.: (21) 2538-4100 – Fax: (21) 2286-9244
E-mail: atendimento@sextante.com.br
www.sextante.com.br

À próxima geração de líderes

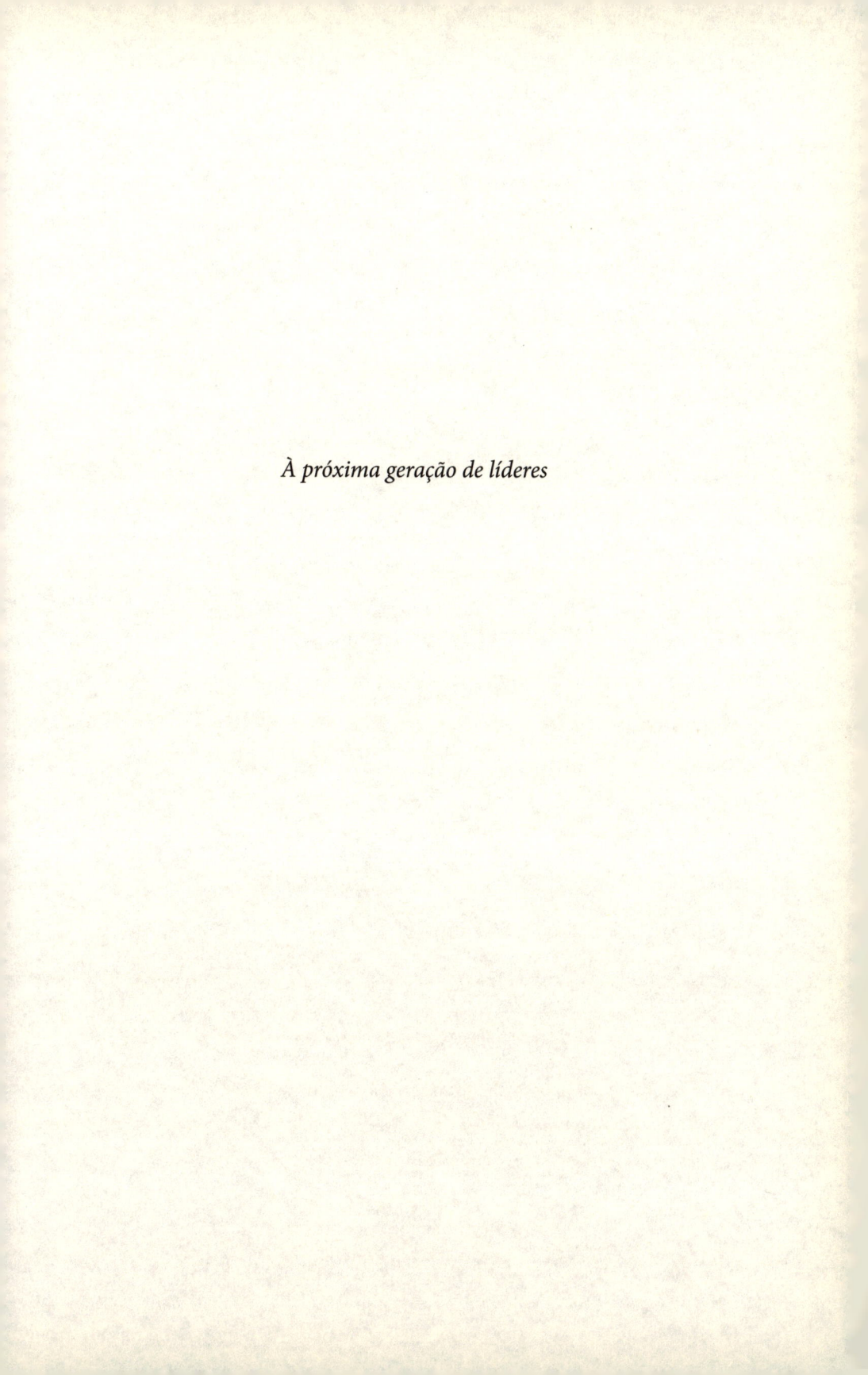

Sumário

INTRODUÇÃO
Tudo o que realmente preciso saber aprendi com um cavalo — 9

CAPÍTULO UM
Você não pode mentir para um cavalo — 19

CAPÍTULO DOIS
O sentir não pode ser ensinado, mas pode ser aprendido — 33

CAPÍTULO TRÊS
Dê a ele o nome que descreva o que você quer que ele se torne — 47

CAPÍTULO QUATRO
Limites bem definidos geram cavalos felizes — 61

CAPÍTULO CINCO
Facilite a coisa certa e dificulte a errada — 81

CAPÍTULO SEIS
Lento em tomar e rápido em dar — 93

CAPÍTULO SETE
Não se trata de hoje, mas sim do resto da vida dela   111

CAPÍTULO OITO
Se você lidar com uma má atitude, não precisará lidar com uma ação   125

CAPÍTULO NOVE
Você pode viver amargurado ou melhorar   139

CAPÍTULO DEZ
Não tenha medo de mexer os pés   151

CAPÍTULO ONZE
Todo cavalo precisa de um propósito   167

CAPÍTULO DOZE
Mostre o seu outro lado   183

Agradecimentos   199
Créditos das fotos   201
Notas   203

INTRODUÇÃO

Tudo o que realmente preciso saber aprendi com um cavalo

*— Soube que o senhor ajuda pessoas que
têm problemas com cavalos.
— Não, senhora, não... É o contrário. Ajudo cavalos
que têm problemas com pessoas.*

— NICHOLAS EVANS
O encantador de cavalos

Durante a minha infância, meus melhores amigos tinham quatro patas e orelhas grandes. Meu pai criava mulas na nossa fazenda de pêssegos em Palisade, uma cidadezinha no oeste do Colorado onde as montanhas Rochosas dão lugar ao deserto de Utah.

Aos 11 anos recebi a tarefa de "quebrar" os filhotes das mulas – expressão usada antigamente pelos caubóis e que quer dizer ensinar um cavalo a aceitar uma sela, os arreios e um cavaleiro. Como o termo sugere, essa não é uma tarefa muito suave. A ideia é "quebrar" a força do animal para que ele se submeta ao comando do cavaleiro. Ou, como dizia meu pai: "Mostrar quem é que manda."

Eu podia sentir o medo dos potros quando meu pai os segurava com firmeza pela corda do cabresto. Eu montava neles e me agarrava como se corresse perigo de morte enquanto eles entravam em pânico e disparavam entre os pessegueiros. Não é de surpreender que sentissem medo. Para um cavalo selvagem, a única coisa que poderia pousar nas suas costas seria um leão da montanha. Eu também sentia medo, e não era para menos. Ficava com vários cortes e hematomas depois de trombar nas árvores ou ser jogado no chão duro.

Rapidamente aprendi uma coisa importante sobre as mulas. Você não pode obrigá-las a fazer algo se elas acharem que vão se machucar. Especialmente se você for um magricelo que pesa menos de 30 quilos. Então, eu precisava descobrir um modo de cooperar. Além disso, eu não gostava dos métodos de treinamento do meu pai, que envolviam dor e medo.

– Chute a barriga delas, para chamar a atenção – ordenava ele.

Isso não me parecia certo. Decidi tentar ser amigo das mulas, entender o que pensavam e convencê-las a cooperar. Um dos primeiros truques que aprendi com meu potro predileto, Skeeter, foi que, se eu coçasse atrás de suas grandes orelhas amarelas, ele baixava a cabeça para receber mais carinho, e então eu discretamente passava uma perna por cima do seu pescoço. Quando Skeeter levantava a cabeça de novo, eu deslizava e acabava montado nas costas dele. Eu montava nele sem sela e sem arreios, e, quando queria que ele parasse, simplesmente me inclinava para a frente e abraçava seu pescoço.

Hoje em dia monto nos meus cavalos de maneira mais convencional, mas os princípios que eu empregava com aquelas mulas – confiança, paciência, firmeza, gentileza e respeito – ainda são o alicerce do trabalho da minha vida. E não somente com meus amigos de quatro patas, mas também com os de duas pernas.

Pensar como um cavalo pode nos ensinar muito sobre o que é um ser humano.

Aluno dos cavalos

Se naquela época você me dissesse que o foco do meu trabalho seriam as pessoas, e não os cavalos, eu não acreditaria. Nunca imaginaria que um dia escreveria livros e ensinaria princípios de liderança a executivos, orientadores, pais, políticos, juízes, entre outros. Meu sonho de infância era me tornar um homem da montanha, como as figuras lendárias dos livros que eu adorava. Moraria sozinho com minhas mulas num lugar bem afastado, caçando, pescando e montando armadilhas. Sempre me senti mais feliz perto de animais do que de seres humanos.

Isso faz sentido quando penso na minha infância. Minha mãe lutava contra uma depressão que provocava comportamentos suicidas e buscava consolo em Deus. Meu pai, naquela época, era um homem rígido que não sabia como dar ou receber afeto. Ele nunca agrediu fisicamente a mim ou a qualquer um dos meus três irmãos, mas era muito crítico e não tinha tempo ou paciência para os filhos. Eu cresci praticamente sem supervisão, num nível que hoje sei que beirava a negligência. Ninguém me impedia de nadar na correnteza do canal de irrigação, subir trilhas nos planaltos a cavalo e acampar tendo apenas minhas mulas como companhia. Aos 19 anos selei uma mula, Kate, coloquei minhas bagagens num burro, Jack, e parti numa jornada para o Norte ao longo da Divisória Continental, em direção ao Canadá.

Só cheguei até Wyoming, onde consegui trabalho numa fazenda e comecei a levar uma vida de caubói. Foi lá que conheci minha primeira esposa, Locke, uma talentosa amazona e musicista. Vivemos e trabalhamos juntos em clubes internacionais de polo e em fazendas desde Texas até Califórnia, Kansas e Idaho, e chegamos a voltar para Wyoming. Meu amor pelos cavalos nunca diminuiu, e eu era considerado um bom treinador, mas fazia as coisas do jeito antigo, na base da força, do medo, da intimidação e da repetição. Eu não era intencionalmente cruel – as pessoas que trabalham com cavalos desse modo geralmente não são –, mas não era mais um garoto fazendo amizade com suas mulas. Tinha perdido aquela sensibilidade natural que tivera. Os cavalos eram o meu trabalho e eu fazia o que achava necessário para que se tornassem montarias bem treinadas e obedientes para a fazenda, o campo de polo ou a arena de espetáculos. Ainda não tinha aprendido a pensar como um cavalo.

Tudo mudou quando fui apresentado a um treinador de cavalos chamado Ray Hunt. Ray me lembrou o que o potro Skeeter tinha me ensinado: você não precisa reprimir a vontade de um cavalo para apresentá-lo a uma sela e a um cavaleiro. Isso pode ser feito com a abordagem oposta, na verdade, permitindo que o cavalo exercite seu livre-arbítrio e criando uma situação em que ele *escolha* cooperar.

Alguns chamam essa abordagem comandada pelo cavalo de "equitação natural". Outros chamam de "encantamento de cavalos". Não é algo tão misterioso quanto parece. Significa entender como a mente do cavalo funciona e depois usar esse conhecimento para cultivar uma parceria voluntária baseada em confiança e respeito mútuos, justiça e limites bem estabelecidos. Em outras palavras, pensar como um cavalo. É uma forma de comunicação sutil que acontece através da linguagem corporal e do uso correto de pressão e liberação. É tão eficaz que parece magia, mas na verdade resulta da aplicação consistente de uns poucos princípios simples.

Usando a filosofia que aprendi com Ray e, mais tarde, com o mentor dele, Tom Dorrance, e outro grande cavaleiro, Tink Elordi, me tornei de novo aluno dos cavalos. Depois que Locke e eu nos separamos, conheci

Jane, minha segunda esposa. Minha filha, Tara, e eu nos mudamos para Wyoming, para morar na fazenda Diamond Cross, ao norte de Jackson Hole, aos pés da cordilheira Teton. Como sempre digo, sou o caubói sortudo que arrematou a filha do fazendeiro. Aquela terra linda e o porto seguro que se tornou meu casamento seriam fundamentais para que eu encontrasse minha verdadeira vocação.

Isso começou quase por acaso. Jane e eu recebemos a proposta de organizar um rodeio particular para entreter 300 executivos da Microsoft. Contratamos caubóis da região para montar touros e cavalos chucros e competir em corridas de barris. A plateia adorou, e nós ganhamos mais dinheiro em uma noite do que em um verão inteiro montando potros. Outros grupos vieram depois. Comecei a incluir nos eventos demonstrações de "encantamento de cavalos" – usando os princípios que vou compartilhar com você neste livro –, e a reação foi inesperada. Aquelas apresentações eram muito mais do que mero entretenimento para o público. Recebemos uma enorme quantidade de mensagens contando como o impacto tinha sido poderoso, tanto pessoal quanto profissionalmente.

"Não aprendi apenas a ser um líder melhor, aprendi a ser um pai melhor", escreveu um CEO.

"Isso realmente mudou o modo como interajo com minha equipe", informou um administrador. "Aprendi a ser menos crítico e mais paciente, a recompensar pequenos progressos e a preparar as pessoas para o sucesso."

Hoje, visitantes do mundo inteiro vêm à nossa fazenda aprender sobre liderança, confiança, trabalho em equipe e comunicação. Incluí as histórias de alguns deles nestas páginas, assim como as de muitos cavalos que tive o privilégio de conhecer (em algumas situações os nomes foram mudados para proteger a privacidade). No fim das contas eu sou um treinador de cavalos, e não um consultor de administração, e muito menos um terapeuta. Passei muito tempo me perguntando o que me qualificava – um caubói com pouco mais do que o ensino médio – para ensinar alguma coisa a esses líderes talentosos. A verdade é que são os cavalos que ensinam. Eu só tento traduzir.

Num determinado ponto, quando estava pensando nesse caminho inesperado que minha vida tomou, abri minha Bíblia e li a frase "Filho do homem, proponha um enigma" (Ezequiel, 17:2). Isso me tocou na mesma hora. Acredito que os cavalos propõem algo parecido com um enigma. Quando as pessoas me observam trabalhando com um cavalo ou leem as histórias sobre os cavalos que eu treinei, podem interpretar essas coisas da própria maneira e descobrir verdades importantes em sua vida. Elas se pegam refletindo sobre suas próprias falhas ou seus erros, reconhecendo seu potencial para melhorar e talvez até admitindo medos e feridas que costumavam esconder. As lições que elas aprendem as tornam líderes mais eficazes e pais melhores para seus filhos. Para algumas pessoas, essas lições ajudam a superar traumas ou vícios, a perdoar entes queridos que estejam afastados, desenvolver confiança ou descobrir qual é sua paixão na vida.

Ao longo das décadas, vi inúmeras vezes como esse trabalho muda as pessoas, e sempre para o bem. Vi pessoas rígidas e insensíveis se tornarem mais leves e empáticas. Vi pessoas tímidas e medrosas se tornarem mais firmes e confiantes. Vi pessoas orgulhosas e arrogantes se tornarem humildes e vulneráveis. Nenhuma dessas mudanças aconteceu porque eu dizia às pessoas o que havia de errado com elas. Elas simplesmente se viam refletidas no espelho do cavalo e começavam a trabalhar no que precisavam melhorar.

Para cada lição que compartilhei, há uma lição que *eu* também aprendi. Tem sido um privilégio atuar com alguns dos grandes líderes nos negócios e na política, e guardo muitas pérolas de sabedoria que surgiram de nossas conversas ou correspondências e até mesmo de observá-los interagindo com suas equipes na fazenda. Sempre fico pasmo com as semelhanças entre o modo como eles comandam suas empresas e as lições que aprendi treinando cavalos. Os princípios que compartilho nas páginas deste livro são baseados nos exemplos de todos os grandes líderes que conheço, tanto os de duas pernas quanto os de quatro patas.

Um sermão que você pode ver

Antes de tudo, deixe-me explicar uma coisa sobre a sabedoria de aplicar métodos de treinamento de cavalos aos seres humanos: as pessoas não são como os cavalos, e o que funciona com os cavalos nem sempre funciona com as pessoas. Mais ainda, o que estou compartilhando não é um método, e sim uma filosofia. É um conjunto de princípios orientadores para formar relacionamentos mais saudáveis – com cavalos, pessoas e nós mesmos. Cada cavalo é diferente, assim como cada ser humano, portanto o que funciona para um indivíduo num momento pode não funcionar para outro. Se você reduzir "pensar como um cavalo" a um método, o que muitas pessoas fazem, isso o imobilizará e o limitará rapidamente. Mas se você conseguir captar a essência da filosofia e continuar voltando para ela, ela o guiará até a solução.

Antes de começarmos, eu gostaria de compartilhar um poema. Adoro a tradição da poesia de caubóis. No final de uma demonstração, costumo subir num balde emborcado e me apoiar no lombo do cavalo para que ele se acostume com o fato de eu estar acima dele – preparação para quando eu de fato montar na sela. Às vezes fico de pé no balde enquanto ele começa a relaxar, coloco uma das mãos no pescoço dele e recito versos para os nossos convidados. Mais tarde, em volta da fogueira, eles costumam pedir outros. Um dos meus poemas preferidos – que se tornou o predileto de muitos dos líderes com quem trabalho – foi escrito há mais de 100 anos por Edgar A. Guest. Chama-se "Sermões que vemos", e é assim:

Prefiro ver um sermão a ouvi-lo;
Prefiro alguém que anda ao meu lado a alguém que apenas diz qual é
  o caminho.
O olho é um aluno melhor e mais disposto do que o ouvido,
Um belo conselho pode confundir, mas o exemplo é sempre nítido;
E os melhores professores são os homens que vivem segundo o que
  acreditam,
Pois o que todos precisam é ver o bem em ação.
Posso aprender rápido se você me deixar observar;
Posso olhar suas mãos em ação, mas sua língua pode ser rápida demais.
E sua palestra pode ser muito sábia e verdadeira,
Mas prefiro aprender observando o que você faz;
Porque posso não entender você e seu belo conselho,
Mas é impossível não entender como você age e vive.
Quando vejo um gesto de gentileza, fico ansioso por ser gentil.
Quando um irmão mais fraco tropeça e um homem forte fica atrás
Só para ver se pode ajudá-lo, cresce em mim a vontade

De me tornar grande e sensível como sei que aquele amigo é.
E todos os viajantes podem testemunhar que o melhor guia de hoje
Não é aquele que diz, e sim o que mostra o caminho.
Um homem bom ensina a muitos, os homens creem no que veem;
Um gesto de gentileza percebido vale quarenta que são ditos.
Quem se junta a homens honrados aprende a valorizar a honra,
Pois viver corretamente é uma linguagem clara para todo mundo.
Ainda que um orador hábil me encante com sua eloquência, eu digo:
Prefiro ver um sermão a ouvi-lo.[1]

Ao convidar você para encontrar nestas páginas as pessoas e os cavalos que conheci, meu desejo é que, através das minhas palavras, você "veja" os eventos que estou descrevendo. Não quero fazer pregação, mas todo dia testemunho pequenos milagres no meu redondel e na vida das pessoas que se reúnem em volta da cerca. Os cavalos me ensinaram muito sobre como ser um pai melhor, um marido melhor, um líder melhor e um ser humano melhor.

Espero que, ao ler as histórias deles, você também consiga enxergar o sermão que eles compartilham.

CAPÍTULO UM

Você não pode mentir para um cavalo

Nenhum filósofo nos entende tão completamente quanto os cachorros e os cavalos. Eles enxergam através de nós com um simples olhar.

— Herman Melville

Os cascos a galope diminuíram a velocidade até parar. O jovem cavalo cheio de medo tinha parado de correr junto à borda do redondel e se virou para o centro, onde eu estava. Eu podia ouvir sua respiração pesada e sentir o cheiro do suor que riscava a bela pelagem castanha – inspiração para o nome que tínhamos dado a ele, Wildfire (Fogo Selvagem). Ele nunca havia sido tocado por mãos humanas, e não fazia muito tempo que vivia solto com uma manada de mustangues – os corajosos cavalos selvagens da América do Norte. Agora eu é que deveria ensiná-lo a viver e trabalhar com pessoas para que pudesse ser adotado por uma boa família.

– Ele está avaliando e entendendo que talvez eu não seja tão assustador, afinal de contas – relatei ao grupo de pessoas que assistia do outro lado da cerca. – Não posso obrigá-lo a confiar em mim; ele precisa decidir isso sozinho. Quero que ele escolha enfrentar o medo, em vez de fugir. O que estou fazendo é facilitar a coisa certa e dificultar a errada. Fugir é um trabalho duro. Ficar comigo é fácil. Aqui no meio ele pode descansar.

O cavalo não tinha percebido, mas sua expressão havia mudado. Seus olhos selvagens estavam mais suaves, e ele havia baixado a cabeça, um sinal de submissão. Dava para ver que logo estaria pronto para caminhar lentamente na minha direção, e eu sentiria seu hálito quente quando ele estendesse a cabeça para me cheirar. Fiquei de joelhos para parecer menor e o menos ameaçador possível. Ele tinha demonstrado respeito por mim, então era hora de eu mostrar humildade e indicar que eu não era um predador.

Enquanto esperava o potro dar aqueles hesitantes primeiros passos de confiança, algo do outro lado do redondel atraiu minha atenção. Parado junto à cerca estava um caubói bonito e jovem, às lágrimas.

Jeremy Morris foi nosso primeiro empregado na fazenda Diamond Cross. Naquela época fazia apenas algumas semanas que estava trabalhando para nós – ou, como minha esposa Jane e eu costumávamos brincar, que *nós* estávamos trabalhando para *ele*. Líder nato, com confiança e carisma naturais, Jeremy era o tipo de sujeito que as pessoas adoravam ter por perto. Mas ele não seguia instruções com facilidade. Pouco depois de começar a trabalhar para nós, pedi a ele que montasse num cavalo que eu tinha recebido recentemente numa troca.

– Não o amarre apertado – alertei.

Eu já havia percebido que isso deixava o animal em pânico, puxando para trás violentamente, lutando contra a corda, correndo o risco de se ferir ou de ferir alguém que estivesse perto. Mas Jeremy não ouviu, e o cavalo enlouqueceu. Empinou, arrebantando a corda, e deu uma cambalhota para trás, raspando a sela de Jeremy no chão. Por sorte ninguém se machucou, mas foi um risco que corremos.

Jeremy era bom no trabalho, mas sempre ultrapassava os limites. Chegava cansado porque passava a noite em claro farreando. Apesar disso, era talentoso com os cavalos e as vacas (e ótimo com nossos clientes corporativos, que o achavam parecido com um astro de filmes de faroeste com sua roupa de caubói e o lenço de seda no pescoço). Os outros empregados da fazenda gostavam dele, e nossos filhos o adoravam. Tentamos fazer a coisa dar certo. Na época Jane e eu éramos líderes inexperientes, portanto tenho certeza de que cometemos nossa cota de erros.

Jeremy conviveu com cavalos a vida toda e nos procurou porque queria aprender meus métodos de treinamento. Como eu, ele tinha sido criado com a abordagem rude dos caubóis, mas estava intrigado com a ideia de um treinamento que não envolvesse medo, dor ou força. Eu tinha explicado a ele que não podia ensinar um método em si, mas que podia compartilhar a filosofia – o conjunto de princípios nos quais se baseava todo o meu treinamento. Cada cavalo é único, por isso cada um exige uma abordagem um pouco diferente, mas os princípios se mantêm os mesmos.

Sei que esses princípios – que vou compartilhar nas próximas páginas – funcionam com cavalos. Já vi isso acontecer centenas, talvez milhares de vezes. Mas naquela época eu tinha apenas uma intuição de que eles poderiam se aplicar também aos seres humanos. Por esse motivo, fiquei surpreso ao ver o impacto das minhas palavras e da minha demonstração sobre o jovem caubói junto ao redondel.

Hoje, quase duas décadas mais tarde, eu não ficaria surpreso. Já me acostumei com pessoas se aproximando de mim com lágrimas nos olhos depois das apresentações. Já vi CEOs poderosos lutando contra suas próprias falhas como líderes enquanto assistiam a um cavalo selvagem reagir à imposição de limites de um jeito firme mas gentil. Já vi pais caindo no choro, reconhecendo que eram duros demais com os filhos. Já vi homens e mulheres adultos começando a liberar décadas de traumas guardados ao sentirem pela primeira vez que é seguro confiar no outro. Aprendi que os cavalos têm uma capacidade extraordinária de fazer as pessoas enxergarem quem elas são de verdade. Ao fazer isso, eles se tornam poderosos catalisadores para o crescimento pessoal e o desenvolvimento da liderança.

Como costumo dizer: você pode mentir para os outros e pode mentir para si mesmo, mas não pode mentir para um cavalo.

Um cavalo é como um espelho

Por que conseguimos ser nós mesmos quando estamos perto de um cavalo? Talvez porque os cavalos nos enxergam como realmente somos. Como presas, eles são tremendamente sensíveis, afinados com a linguagem e a energia corporais. Os cavalos conseguem ver nitidamente o que há dentro de nós. Enxergam quem somos de verdade, e não quem fingimos ser. Sabem intuitivamente de que somos feitos e podem sentir nossas intenções.

– Ponha um cavalo selvagem no meio de um grupo de pessoas e ele sempre vai identificar o sujeito mais perigoso – diz meu amigo Mike Buchanan.

Mike trabalhava na fazenda Honor, aqui perto, comandando um programa que ensinava ex-presidiários a manejar e treinar mustangues. É uma situação em que todos vencem: aqueles homens, que estão se preparando para voltar à sociedade, podem aprender algumas habilidades valiosas, e os cavalos são treinados e depois colocados para adoção. Quando um grupo novo chegava, Mike pedia que as pessoas ficassem em volta de um grande redondel, e então soltava um cavalo lá dentro. O animal corria junto à cerca e em pouco tempo empinava a cabeça e bufava para um homem específico do grupo. Sem hesitar, o cavalo apontava quem era a pessoa mais perigosa ali. Também sabia identificar o indivíduo *menos* ameaçador, o que estava na base da hierarquia.

Às vezes um cavalo nos conhece melhor do que nós mesmos.

Um dos meus poemas prediletos se chama "O sujeito no espelho", de Peter Dale Wimbrow. É sobre a ideia de que, no final, todos teremos que prestar contas a nós mesmos: "A pessoa cujo veredicto é mais importante na sua vida/ É o sujeito que está olhando de dentro do espelho."[2] Muitas vezes, por esse mesmo motivo, evitamos dar uma boa olhada em nossa imagem refletida. Ficamos sem graça, com vergonha ou simplesmente não temos coragem de admitir quem somos.

É aí que eu agradeço por ter cavalos na minha vida. Eles serviram como espelho, refletindo meus defeitos mesmo quando eu não queria vê-los. Ajudaram a me enxergar como sou, e não como espero ou finjo ser. Nós evitamos enxergar quem somos de verdade, empurrando para longe as partes das quais não gostamos e seguindo com a vida, esperando que os outros não as vejam. Mas se você estiver tentando ser alguém que não é, não deve estar sendo fácil. Você não vai conseguir manter essa farsa por muito tempo e acabará desenvolvendo vergonha e ódio de si mesmo, devido às coisas que está escondendo e ao medo de que os outros descubram quem você é.

Muitas pessoas têm dificuldade de admitir seus medos, falhas, fraquezas, vulnerabilidades ou feridas – até para si mesmas. Para aqueles que estão em posição de liderança e são tidos como exemplo, isso pode ser uma realidade devastadora. No entanto, é fundamental encontrarmos um modo de sermos 100% honestos com nós mesmos. Se quisermos nos desenvolver como líderes, pais e seres humanos, e ajudar os outros a fazer o mesmo, precisamos parar de fingir. Acho que é por isso que tantas pessoas consideram revolucionária a experiência que oferecemos na nossa fazenda. Ninguém aponta os defeitos delas ou as obriga a confrontar seus medos; elas começam a ser mais verdadeiras consigo mesmas espontaneamente, sentindo-se num lugar seguro para que se enxerguem com honestidade e vejam a possibilidade de transformação.

Nós vivemos o que aprendemos

Aquela era a última chance de Wildfire – o mesmo caso de centenas de outros cavalos que conheci no decorrer dos anos. Ele tinha sido adotado por pessoas bem-intencionadas mas inexperientes, que amavam a ideia romântica de ter um mustangue, mesmo não tendo a mínima noção do que fazer com um cavalo selvagem. Ele acabou largado no quintal dos fundos, e os donos mal conseguiam se aproximar. Depois de algumas tentativas fracassadas e umas duas que por pouco não resultaram em desastre, ele tinha sido considerado "perigoso" e "impossível de ser treinado". Eles me contaram:

– Aquele cavalo não vale o esforço que demanda.

Quando comecei a treiná-lo, não foi difícil descobrir o motivo. Ele galopava loucamente junto à borda do redondel, nitidamente aterrorizado pela iminência de qualquer contato humano. Eu balançava a bandeira presa numa vara comprida, encorajando-o a correr. Não o culpei pelo comportamento. Ninguém sabia pelo que ele havia passado. Teria sido aterrorizado por rondas de helicóptero e homens com vozes altas que o arrancaram de sua manada? Preso num local apertado, marcado com ferro quente, dopado e instalado num caminhão escuro, barulhento, com outros potros apavorados? Como eu disse a Jeremy e aos outros presentes naquele dia:

– Ele só está reproduzindo o que aprendeu.

Cada cavalo que eu recebo para treinar está reproduzindo o que aprendeu. Ele tem uma história, mas não tem como contá-la. E se eu não conheço sua história – e frequentemente não conheço –, só posso interpretar os sinais que ele me dá. Se você prestar atenção suficiente, ficará mais fácil ligar os pontos. Determinados gatilhos provocam determinadas reações. Um cavalo que afasta a cabeça – com medo de ter a cara ou as orelhas tocadas e de receber um cabresto – pode ter sido espancado. Um cavalo que é agressivo pode ter sido mimado e recebido permissão de fugir depois de um comportamento desrespeitoso, até se tornar perigoso. Os humanos traumatizam os cavalos de muitas formas – às vezes por crueldade, mas na maioria das vezes apenas por ignorância. Muitas pessoas não sabem que existe outro modo de lidar com eles.

No entanto, quando medos do passado escondem os pontos fortes de um cavalo, às vezes é necessário ter muita paciência para ver o que há de bom neles.

– Você precisa acreditar nele e tratá-lo como o cavalo que você sabe que ele pode ser, e não como o cavalo que ele está sendo agora – falei a Jeremy e aos outros. – Não se trata apenas de hoje, mas do resto da vida dele. Se você se concentrar só no que ele está fazendo de errado, não terá paciência para ajudá-lo a alcançar o próprio potencial.

É o que sempre digo: se você não acredita num cavalo – ou numa pessoa –, não deveria estar trabalhando com ele, para começo de conversa.

Durante cerca de uma hora, Jeremy observou enquanto eu conduzia o cavalo em círculos – deixando-o correr, dando-lhe liberdade para mover as patas. Os cavalos são animais de fuga naturalmente claustrofóbicos. Se forem presos, entram em pânico e lutam. Porém, se puder correr, ele ganha confiança. Não coloco peias nem os amarro como os antigos domadores faziam. Com corda suficiente é possível conter um cavalo, mas com isso você só conseguirá que ele reprima o medo e não confie em você. Como os grandes cavaleiros com quem aprendi, faço quase todo o meu trabalho inicial com cavalos num redondel, sem objetos de contenção. O redondel não tem cantos onde o cavalo possa ser encurralado. Apesar de ser um espaço pequeno, permite que eles continuem em movimento, portanto sempre têm uma rota de fuga. O redondel tem piso macio e cercas sólidas para não machucar os animais, e isso garante um ambiente perfeito para o treinamento, porque o cavalo se sente relativamente seguro.

Quero que os cavalos sintam que têm liberdade para escolher. Respeito sua inteligência e seus instintos. Mantenho meu corpo relaxado e deixo que eles continuem correndo até tomarem a decisão de se virar para mim e encarar o medo nos próprios termos. Os cavalos gostam de ter essa liberdade.

Acho que os seres humanos são parecidos. Não queremos alguém nos dizendo o que devemos fazer contra a nossa vontade. É muito mais fácil confiar e aprender com os outros quando temos a liberdade de fazer escolhas. Foi isso que Wildfire fez. Lentamente o pânico deu lugar à curiosidade, até que o jovem cavalo escolheu, por vontade própria, se aproximar de mim, de cabeça baixa como sinal de submissão.

Na vida existem poucos momentos mais mágicos do que quando um animal selvagem decide livremente confiar em você. Quando estendi a mão para tocar nele e o deixei me cheirar, senti o espanto de sempre com esse primeiro momento de conexão, que alguns treinadores chamam de "se conectar" ou "se juntar". Mas, naquela situação específica, minha mente também estava atenta ao caubói. O que Jeremy estava enxergando enquanto observava o cavalo? O que o havia levado às lágrimas?

Que história *ele* estava carregando dentro de si?

Destrancando esperança

Não era o momento de perguntar, isso eu sabia. Nesse aspecto, as pessoas são como os cavalos: você não pode forçá-las a confiar em você, nem encurralá-las e esperar que se abram. Tudo que você pode fazer é criar um ambiente em que elas se sintam seguras, ser paciente e coerente, e lhes dar a liberdade de escolher. Confiança é o alicerce essencial de qualquer relacionamento, seja com um ser humano ou com um animal. E isso não é fácil para muitos de nós. Pode ser difícil quando você gosta de alguém. "Por que minha filha adolescente não fala comigo?" "Por que meu companheiro não conta o que está realmente acontecendo?" "Por que meus empregados não dizem o que acham de verdade?" A resposta? Eles ainda não decidiram se é seguro fazer isso.

Quando Jeremy trabalhava para nós, era óbvio que ele não sabia como contar o que havia acontecido na sua vida, assim como o mustangue. Mas eu sentia que era algo difícil, muito mais do que qualquer coisa que eu tivesse vivido. Depois de um tempo ele foi trabalhar numa fazenda vizinha, mas nós permanecemos próximos. Só muitos anos depois eu descobri o que havia por trás daquelas lágrimas.

– Eu não tinha coragem e não sabia as palavras certas para contar a minha história a ninguém – confirmou ele mais tarde. – Eu não admitia nem para mim mesmo. Não sabia da dor que eu sentia.

As únicas pistas de seu passado difícil eram o seu olhar – uma combinação de medo e raiva, não muito diferente do olhar de um cavalo selvagem assustado – e vários comportamentos autodestrutivos que eu observei durante os dois verões em que ele trabalhou para nós.

Jeremy tentou a vida inteira deixar seu passado para trás, fugindo dos demônios interiores. Quando se sentia encurralado, tentava domá-los com a bebida. Morava no nosso alojamento e era considerado parte da nossa família. As pessoas eram atraídas para Jeremy, aonde quer que ele fosse, mas talvez isso apenas o fizesse reprimir ainda mais seus segredos, como se ficasse apavorado com a ideia de que elas não gostariam dele se soubessem a verdade.

– Os segredos podem matar a gente – diz Jeremy hoje. – Eles quase me mataram. – E diz isso literalmente.

Depois de parar de trabalhar para nós, ele rodou um bocado, conheceu uma garota maravilhosa chamada Mary e se casou com ela, tornou-se pai e quase perdeu tudo isso quando as bebedeiras secretas e as mentiras compulsivas abalaram o seu casamento. A vida lhe deu uma chance depois da outra – vários empregos dos sonhos, talento de sobra e uma esposa e amigos que o amavam –, mas nada disso o fazia enxergar os efeitos destrutivos do ódio contra si mesmo.

– Havia um poço de dor dentro de mim – explica ele.

Durante anos a história que enterrou dentro de si o consumiu, roubando seu sono, sua paz e qualquer capacidade de confiar em alguém, principalmente em mulheres. Quando se afastou da esposa e do filhinho bebê, chegou ao ponto de beber uma garrafa de uísque por noite, sozinho. Dirigiu completamente bêbado do Arizona a Wyoming rebocando um trailer cheio de cavalos. Quando acordou numa parada de caminhões, sem um dos retrovisores, não tinha lembrança de como havia chegado ali. Mas nem isso o fez parar. No dia seguinte, depois de deixar os cavalos, foi detido por dirigir embriagado – pela quarta vez. Continuou bebendo enquanto voltava dirigindo para Jackson, Wyoming.

– Eu tinha chegado a um ponto em que parecia que a vida não valia mais a pena. Pensei em simplesmente jogar o carro para fora da estrada – lembra.

E então, enquanto passava pelo Passo Teton, ele ouviu uma sirene. Era sua quinta detenção por embriaguez, a segunda em 48 horas. Em Wyoming isso significava ir direto para a cadeia e lá permanecer até ser julgado. Jeremy não teve opção, a não ser parar o veículo.

Naquela noite, de pé no canto de uma cela apinhada com mais de 10 homens, sentiu um desespero absoluto. Estava tremendamente encrencado. Cinco detenções por embriaguez. Como contaria à esposa? De jeito nenhum seu casamento conturbado sobreviveria a isso. Estava falido, e agora haveria os custos com o advogado e as multas. Talvez fosse condenado. E não sabia se tinha condições de vencer o vício. Já havia tentado ir a reuniões, contado os dias, seguido os aconselhamentos.

– Eu achava que não era capaz – diz ele.

Durante aquela longa noite insone não lhe restou alternativa, a não ser rezar. E uma pergunta brotou no seu coração: "Se eu conseguisse me livrar desse vício, que tipo de pai eu poderia ser?" Ele aceitou que seu casamento podia ter acabado, mas sentiu um desejo súbito, intenso, de estar ao lado do filho, Layton, de um modo que seus pais nunca estiveram para ele.

A história que Jeremy nunca havia contado, nem para si mesmo, começou quando ele tinha 6 anos. Seus pais se divorciaram, cada um levando um filho, e Jeremy foi deixado com o pai profundamente deprimido e uma sequência de madrastas, uma das quais abusou dele física e emocionalmente durante anos, sem o pai saber.

– Eu ia para a escola com arranhões e hematomas – lembra.

Mas não era só isso. Na infância ele foi molestado sexualmente diversas vezes; primeiro por um garoto mais velho, mais tarde por uma babá e uma mulher da família. Novo demais para entender o que havia acontecido, ele nunca tocara no assunto.

– Eu sabia que era errado, mas sentia vergonha demais para contar a alguém.

Só de pensar no que seus avós religiosos pensariam se descobrissem o que havia acontecido ele ficava aterrorizado.

– Eu me culpava... Comecei a me perguntar: "O que eu fiz para merecer isso?" De jeito nenhum poderia contar a alguém.

Ele enterrou isso tão fundo que passou a não pensar mais no assunto, a não ser nos momentos em que algo tocava na sua ferida: uma carta da mãe, uma foto do primeiro abusador no Facebook, depois de beber demais. E ele confessava algum detalhe a um amigo ou à esposa. Mas então, com a mesma velocidade, se fechava de novo, recusando-se a revelar mais.

Anos depois, quando perguntei o que o havia comovido a ponto de fazê-lo chorar naquele dia, me observando com Wildfire na fazenda, ele disse:

– Foi porque vi que você não se ofendia com os erros e o mau comportamento dos cavalos. Você conseguiu enxergar o que havia de bom em cada um e não julgou nenhum deles pelo modo como agiam, nem mesmo os violentos e descontrolados. Você entendeu que eles tinham sido machucados. Isso me tocou.

Ele fez uma pausa, como se repassasse a cena na mente.

– De certa forma eu sabia que as escolhas ruins e os erros que eu continuava cometendo eram reflexo do meu passado. Mas, como eu não conseguia olhar para trás, continuei me julgando e me odiando. Ver você trabalhar com aquele cavalo foi um dos momentos em que eu enxerguei a possibilidade de uma vida diferente. Você destrancou a esperança em mim. Eu ia levar muitos anos até encontrar o meu próprio modo de fazer isso, mas sabia que você também enxergava o que havia de bom em mim. Você nunca desistiu de mim, nem quando eu mesmo estava desistindo.

Jeremy nunca estivera mais perto de desistir do que naquela noite, na cadeia em Wyoming.

– Só posso descrever o que aconteceu em seguida como um milagre – conta ele. – Eu soube, de repente, que nunca mais iria beber. Aquela vontade foi embora. Senti esperança pela primeira vez. A detenção por embriaguez salvou minha vida.

Faz mais de uma década que Jeremy está sóbrio, e ele e Mary têm três filhos. Tem sido um longo aprendizado, às vezes lembranças dolorosas reaparecem, mas ele finalmente encontrou um modo de contar sua história – primeiro a si mesmo, depois à família e aos amigos, a terapeutas e, mais recentemente, em fóruns públicos. Ele se comprometeu a ajudar outros homens a encontrar coragem de se abrir com relação aos abusos, e descobriu que esta é uma situação muito mais comum do que imaginava.

Jeremy se tornou o líder que sempre pareceu ter nascido para ser. Fundou uma empresa lucrativa. Quando interage com seus empregados, costuma se lembrar das lições que aprendeu com os cavalos e com sua própria jornada.

– Honestamente – diz ele –, como CEO, acho que passo 80% do meu tempo cuidando da saúde emocional dos meus empregados ou ajudando-os a lidar com os atritos entre eles. Quando vejo que alguém tem algum problema, aprendi a não ficar na defensiva, e sim a perguntar: por quê? Sei que cada um tem uma história, mas eles podem não ter condições de contá-la. Estão vivendo o que aprenderam.

Cerca forte, chão macio

Quando finalmente ouvi a história de Jeremy, há apenas alguns anos, me lembrei de quando ele estava parado junto ao redondel olhando o mustangue, uma década antes, derramando lágrimas que nem ele entendia. Na época, como seu chefe, eu não sabia como ajudá-lo – e Jeremy não estaria pronto para receber ajuda nem se eu soubesse. Precisei deixar que ele seguisse em frente e encontrasse o próprio caminho, encarando uma estrada longa e difícil.

Hoje sei mais sobre os seres humanos e percebo que todos têm suas feridas – físicas, emocionais ou mentais. Talvez não como as de Jeremy, mas isso não quer dizer que as cicatrizes não existem. E se não estivermos dispostos a encarar nossos medos e contar nossas histórias, essas experiências vão nos atropelar repetidamente. Já ouvi dizer que as emoções escondidas não morrem e acredito que isso vale tanto para as pessoas quanto para os cavalos. Quando se trata dos cavalos, se você ignorar os sinais, essas emoções acabam se revelando sob pressão. Quando tentar laçar uma corda num potro doente ou reunir a manada antes de uma tempestade – ocasiões em que é preciso que o cavalo seja confiável –, ele vai abandonar você.

A dor de Jeremy era profunda, e sua reação a isso era intensa. Outras pessoas podem ter gatilhos mais sutis e comportamentos menos dramáticos, mas até elas são capazes de se autossabotar a qualquer momento. Muitos sabem como é ter um amigo, colega, companheiro ou membro da família que reage exageradamente à menor crítica. A maioria dos líderes sabe como é ter um empregado que comete sempre os mesmos erros e prejudica o próprio progresso. A maioria dos professores sabe como é ter um aluno que transforma cada aula em uma batalha. Eles estão vivendo o que aprenderam.

Quando nos precipitamos demais em julgar alguém, fechamos a porta para a mudança. Isso não significa que precisamos aceitar comportamentos destrutivos. O redondel onde eu treino os cavalos tem cercas fortes, mas também um chão macio. Como líderes ou pais, criamos ambientes para as pessoas com quem trabalhamos ou vivemos. Esses ambientes não são construídos com moirões e traves, mas com nossas atitudes. Limites claros, paciência, humildade, transparência e compaixão pelas feridas que não podemos ver, sem pré-julgamentos: esses são os pilares do espaço seguro que podemos construir.

Ainda que nenhum ser humano seja perfeito, todos podemos aprender a melhorar – como pais, líderes, companheiros, amigos, mentores ou orientadores. Podemos aprender a inspirar confiança e autenticidade nos outros. E o que aprendemos com os cavalos pode ajudar. Podemos lembrar que cada pessoa está vivendo o que aprendeu. Podemos ser pacientes e resistir à ânsia de julgar com base nas aparências. Podemos dizer a nós mesmos: isso não tem a ver apenas com o dia de hoje, e sim com o resto da vida deles.

Cada um de nós pode criar um espaço onde os outros se sintam seguros para parar de correr.

CAPÍTULO DOIS

O sentir não pode ser ensinado, mas pode ser aprendido

*O mais importante na comunicação
é escutar o que não é dito.*
— Peter F. Drucker

– Está sentindo isso?
Tink Elordi, um grande cavaleiro com quem comecei a trabalhar e aprender no final da década de 1980, costumava me fazer essa pergunta.

– Levante uma rédea – sugeria ele. Ou: – Espere aí. Espere até ele se soltar. – Ele observava atentamente a reação do cavalo. Então dizia: – *Aí*. Sentiu isso?

Às vezes eu sentia – o cavalo relaxava ou se suavizava. Porém, naquela época, muitas vezes eu realmente não sabia aonde Tink queria chegar. Para mim, o cavalo parecia do mesmo jeito e em geral não estava fazendo o que eu queria. Frustrado, eu fazia que não com a cabeça.

Era desconfortável. Eu vinha trabalhando com cavalos a vida inteira e naquela época, aos 30 anos, odiava me sentir um principiante de novo. Mas sabia que precisava ser honesto com Tink se quisesse me tornar o tipo de treinador que ele era – um profissional que trabalhava com os cavalos, e não contra eles. E eu queria muito isso. Além do mais, eu estava dando a ele uma grande quantia do meu suado dinheiro.

Ao longo dos anos anteriores eu vinha ficando cada vez mais insatisfeito comigo mesmo. Alcancei algum sucesso treinando cavalos para o polo e praticando o esporte, mas também precisei lidar com as consequências. Vender cavalos era algo necessário no meu negócio, mas frequentemente eu sentia que os estava traindo. Às vezes, os cavalos que eu vendia eram prejudicados ou machucados por cavaleiros ruins. Como eu precisava do dinheiro, mais de uma vez vendi um cavalo antes de ele estar pronto e vi todo o meu trabalho ir por água abaixo. A pressão de treinar e vender cavalos rapidamente para lucrar me levou a utilizar métodos que forçavam os animais a me obedecer. Eu sempre tive um jeito natural de lidar com cavalos difíceis e conseguia levá-los a fazer o que eu queria. Mas às vezes, naquela época, eu sentia que estava trabalhando *contra* meus cavalos, e não com eles. Eu me sentia tão desestimulado que queria desistir de tudo e buscar outra carreira. Foi então que comecei a procurar.

A resposta inesperada às minhas orações veio quando meu chefe me levou a uma oficina de treinamento de cavalos comandada pelo famoso cavaleiro Ray Hunt. Quase uma década antes eu tinha tentado ler seu icônico livro, *Think Harmony with Horses*, mas na época não consegui terminar, já que não compreendia o que ele tentava dizer.

Ver Ray trabalhar foi fascinante. Ele tirou o cabresto do cavalo e declarou:
– Se você conseguir direcionar a mente dele, as patas vão atrás.

Enquanto Ray estava falando, o cavalo virou a cabeça para a esquerda e depois para a direita, sem nenhuma orientação visível do homem que estava montado. Ray explicou que estava criando harmonia com o cavalo por meio da escuta, prestando atenção em sinais sutis e respeitando a inteligência do animal. E ele resumiu tudo numa simples palavra: *sentir*.

Como "ter o sentir"

Sentir. Era o que Tink estava querendo dizer quando me perguntou:
– Está sentindo isso?

Eu procurei Tink depois de conhecer Ray porque sabia que precisava de um professor se quisesse aprender a aplicar essa nova filosofia de treinamento de cavalos. Ele era conhecido como um dos melhores iniciadores de potros do ramo e tinha trabalhado com Ray e com o mentor de Ray, Tom Dorrance. Tink era um homem grande, intimidador, faixa preta no caratê e meio carrancudo. Porém, quando montava no cavalo, demonstrava graça e leveza surpreendentes.

– Procure essa suavidade – recomendava ele.

Ser suave não significava segurar as rédeas com as pontas dos dedos, e sim conduzir o cavalo com sensibilidade e estar preparado para ser firme caso necessário.

Tink explicava que sentir não é simplesmente algo que a pessoa faz; é algo que a pessoa pode *ter* e que ela precisa desenvolver. "Ter o sentir" significa que você está conectado com as emoções do cavalo e com o modo como ele pode reagir, lendo sua linguagem corporal e encontrando maneiras de desenvolver a confiança e a segurança dele. Os grandes cavaleiros desenvolveram o sentir.

O sentir é uma combinação de sensibilidade, intuição e empatia. É uma das coisas mais importantes quando queremos aprender a trabalhar com cavalos ou pessoas. Se eu pudesse ensinar uma única coisa nestas páginas, seria o sentir. Mas o sentir não é algo que possa realmente ser ensinado; só pode ser aprendido. Você precisa desenvolvê-lo sintonizando, observando, prestando atenção, experimentando, ouvindo e tentando se colocar no lugar do outro.

Tink sabia disso, e era por isso que repetia pacientemente *Está sentindo isso?* e criava situações em que eu podia aprender com a prática.

Esse uso da palavra "sentir" como substantivo pode não ser comum fora da área da equitação, mas aponta para algo que todo mundo já experimentou. Todos nós já conhecemos alguém que parece naturalmente conectado com os outros, que percebe como as pessoas estão se sentindo e intuitivamente sabe a maneira certa de reagir. Não fica perdido nos próprios pensamentos ou preso nos próprios objetivos. E todos nós também já encontramos o oposto: pessoas insensíveis, que não se importam com as consequências de suas atitudes e que têm reações desproporcionais. Elas agem como se apenas os próprios sentimentos importassem ou presumem que os outros sentem o mesmo que elas. O "sentir" – ou a falta dele – é isso.

Indivíduos da área empresarial usam termos como "inteligência emocional", mas no final acaba sendo a mesma coisa. Os grandes líderes têm essa característica, mas às vezes não conseguem traduzir a ideia em palavras. Consultores bem-intencionados e profissionais da área de recursos humanos tentam ensinar, mas não é algo que possa ser facilmente reduzido a um conjunto de habilidades ou comportamentos. De novo, o sentir não pode ser ensinado – mas pode ser desenvolvido se tivermos um pouco de paciência e humildade e se estivermos dispostos a trabalhar.

Há pouco tempo eu estava conversando sobre o sentir com um líder e cavaleiro maravilhoso chamado Dave Balzhiser. Dave fez carreira na empresa de materiais de construção Simpson Strong-Tie, indo do cargo mais baixo até o posto de vice-presidente à medida que a organização crescia, passando de um pequeno negócio até uma empresa de capital aberto avaliada em 1 bilhão de dólares. Dave e eu tínhamos nos conhecido anos antes, numa exposição de cavalos em Elko, Nevada. Certa noite começamos a conversar enquanto trabalhávamos com nossos cavalos no redondel, e essa foi a primeira de muitas discussões profundas sobre como os cavalos podem ajudar a melhorar nossa liderança. Com relação ao sentir, Dave fez uma analogia fantástica:

– Eu sempre pergunto às pessoas: você se lembra da primeira vez em que dirigiu um carro com câmbio manual? Seu instrutor de direção provavelmente disse: "Aqui é a primeira marcha, aqui a segunda, aqui a terceira, aqui a quarta, e a ré é para cima, apertando." Ele mostrou a embreagem do lado esquerdo, o freio no meio e o acelerador no direito, e explicou como dirigir. Mas, mesmo com a melhor das explicações, qual é a primeira coisa que acontece quando você tenta fazer? Você deixa o carro morrer... E o único modo de aprender é continuar fazendo, até que a coisa se torna orgânica. Você pode sentir exatamente em que momento precisa soltar o freio, liberar a embreagem e apertar o acelerador para encontrar a marcha certa. O sentir é *assim*. Nenhuma explicação é capaz de ensiná-lo. Você precisa aprender sozinho.

Eis um fato sobre aprendizagem: ela é desconfortável. Uma coisa é quando você é criança e ainda está na escola; outra totalmente diferente é quando você é um adulto que deveria ter a vida resolvida ou um pai ou mãe com filhos. Se você é considerado um líder ou especialista em alguma área, a última coisa que deseja é dar a entender que precisa aprender algo. Era assim que eu me sentia algumas vezes naquelas sessões com Tink. E observo a mesma coisa em alguns líderes com quem trabalho. Eles têm medo de admitir que sentem dificuldade para entender seus empregados ou que não levam jeito para lidar com pessoas. Pensam que reconhecer as próprias falhas ou deficiências irá desqualificá-los como líderes. Na verdade, é o oposto. Os líderes transparentes deixam as pessoas à vontade e as fazem se sentir seguras.

Parte do aprendizado do sentir é ler a linguagem corporal. Como os animais não falam nossa língua, seu principal modo de comunicação é não verbal. Se você tem um cachorro ou um gato, provavelmente já desenvolveu alguma habilidade para ler esse tipo de comunicação. Gracie, nossa border collie, é muito transparente. Ela nos diz com os olhos quando está empolgada e pronta para correr atrás das vacas. Quando não está com vontade de sair, baixa a cabeça.

Os cavalos também nos dão todos os tipos de dica. Às vezes elas são óbvias, como os olhos estreitos de raiva ou as orelhas empinadas. Em outras ocasiões são mais sutis, como o lamber dos beiços que significa alívio ou uma certa suavidade nos olhos. As pessoas também se comunicam assim, mas frequentemente não percebemos esses sinais. Os cavalos são muito mais fáceis de ler do que os seres humanos – e também são melhores em ler a *nossa* linguagem corporal.

Para me apresentar a um cavalo que foi posto no redondel, a primeira coisa que faço é ficar me movimentando, deixando que ele se mova livremente ao meu redor. Minha linguagem corporal permanece relaxada e acolhedora. Não encaro o cavalo nem viro o rosto por completo para ele. Movo os ombros um pouco para o outro lado, mostrando que não o estou confrontando de jeito nenhum. Gosto de andar ao redor do animal, permitindo que ele fuja, sem persegui-lo, como um predador faria. Isso ajuda o cavalo a perceber que não está sendo atacado, e logo ele ficará confortável no novo ambiente.

Um cavalo que vive em ambiente selvagem está sempre em alerta máximo. Como uma presa, precisa estar pronto para fugir a qualquer momento, por isso fica sintonizado com o que está acontecendo – os movimentos dos outros animais da manada, os cheiros trazidos pela brisa, o farfalhar nos arbustos. Pode parecer tranquilo, pastando o capim viçoso e desfrutando do sol nas costas, mas está sempre atento. É isso que significa ser uma presa. Algumas pessoas comparam isso com a consciência dos seres humanos, que são predadores, mas não creio que seja assim tão simples. Os humanos podem ser predadores, mas também sabemos como é ser uma presa. Quando nos sentimos ameaçados, podemos desenvolver esse tipo de alerta que vemos no cavalo selvagem.

Na infância, devido à minha vontade de evitar as críticas ou à raiva do meu pai, desenvolvi uma sensibilidade incomum com relação às pessoas ao redor. Aprendi a ler cada nuance da linguagem corporal dele. Fazia qualquer coisa para evitar conflitos – uma característica que permaneceu comigo mesmo depois de sair da casa dos meus pais e muito tempo depois de meu pai ter se tornado uma pessoa mais tranquila e menos crítica. Virei um expert em trazer as pessoas para o meu lado e diminuir a tensão das situações.

Claro, nem sempre essa é a melhor abordagem, mas creio que ela me ajudou com os cavalos. Minhas habilidades de observação e empatia já estavam bastante desenvolvidas, e eu não queria lutar contra os cavalos, assim como não queria lutar contra meu pai. Por estar perto de muitos caubóis durões e jogadores de polo, que trabalhavam com força e medo, perdi contato com parte da minha sensibilidade. Mas, por dentro, eu ainda era o mesmo. Por isso me senti atraído por métodos mais gentis de cavaleiros como Ray Hunt, Tink Elordi e Tom Dorrance. Eles me ajudaram a redescobrir meu "sentir" natural, me deram palavras para descrevê-lo e uma filosofia para desenvolver. Sob a orientação de Tink, voltei a conversar com meus cavalos. Acima de tudo, passei a escutá-los – prestando atenção nos sinais que me diriam como eles estavam se sentindo. Aprendi a liderar um potro e sentir quando ele ia esticar a corda. Em vez de segurá-lo com força, embaixo do seu queixo, antecipando uma batalha, eu conseguia lhe dar alguma liberdade ao mesmo tempo que permanecia sensível aos seus sinais. Quando sentia que ele resistiria, mudava de abordagem e suavizava o toque, mantendo-o calmo e avançando em harmonia comigo. Descobri que, quando a mente do cavalo está relaxada, um animal de quase 500 quilos pode ser leve como uma pena, capaz de mudar de direção a partir de um leve toque.

Ray costumava dizer que, antes de fazer qualquer coisa – empinar, escoicear, morder, se assustar –, o cavalo se prepara para isso. À medida que ganha mais experiência com os cavalos (e com outras criaturas), você aprende a ler esses sinais e a evitar o comportamento indesejado. Se você se surpreende com alguma coisa que o cavalo faz, isso significa que não prestou atenção suficiente no que ele estava lhe transmitindo.

Sempre volto a esse princípio ao me relacionar com pessoas. Quantas coisas ruins poderiam ser evitadas se prestássemos mais atenção na comunicação não verbal? Quando vejo uma tragédia no noticiário, como um garoto dando tiros em uma escola ou um sujeito armado praticando assassinato em massa, costumo pensar: quais foram os sinais que deixamos de perceber? Será que essa fatalidade poderia ter sido impedida se as pessoas em volta tivessem tido mais empatia, um sentir melhor e, claro, a disposição de ajudar aquela pessoa? E será que estou prestando atenção suficiente em quem está ao meu redor? O que essas pessoas estão *me* dizendo sem palavras?

Pressão e liberação

Hoje em dia, presto atenção na linguagem corporal e nos sinais inconscientes de todos que visitam a fazenda, do mesmo modo que faço com os cavalos. Há alguns anos um fotógrafo chamado John Balsom veio tirar fotos na fazenda. Ele trouxe a esposa e o filho pequeno e os três ficaram na nossa casa por duas semanas. John ganhou muitos prêmios por capturar o modo como enxerga o mundo, mas foram os olhos atrás da câmera que chamaram a minha atenção. Havia algo em seu olhar quando ele baixava as lentes – uma tristeza, talvez até um pouco de amargura – que parecia não combinar com aquele simpático jovem inglês. Seu corpo magro era um pouco encurvado devido a um problema de coluna, mas dava para perceber que a dor não era apenas física. Antigamente eu poderia ter deixado passar despercebido, mas depois de décadas estudando cavalos e pessoas, às vezes me sinto incapaz de dar as costas quando percebo uma mensagem não verbalizada. O que os olhos dele estavam me dizendo? Eu não queria ser inconveniente, mas senti que ele tinha vindo até aqui por outro motivo além de apenas fotografar os cavalos ou a paisagem de tirar o fôlego.

Um dia John estava fotografando perto do redondel enquanto eu selava pela primeira vez uma égua cinzenta, jovem e arisca chamada Ghost. Ghost tivera um início de vida difícil, e eu precisei de várias sessões para ganhar sua confiança. Ela ficou parada enquanto eu colocava algumas vezes a manta em seu dorso, movendo a peça para um lado e para outro, acostumando-a a ter algo nas costas.

– Tudo bem, garota, não sou um leão – falei, apoiando meu peso na manta. A cabeça dela estava erguida, o sistema nervoso alerta, mas ela não resistiu nem fugiu. – Boa garota.

Passei a mão em seu pescoço e a elogiei. Quando chegou a hora de colocar a pesada sela de couro, ela ficou parada, tranquila. Apertei a cilha e a encorajei a andar.

Depois de trabalhar com ela usando a sela por um tempo, falei com John:
– Acho que ela está pronta para um cavaleiro.
– Como você sabe? – perguntou ele.

Pensei na pergunta por um momento. Na verdade eu não sabia – nem sempre podemos dizer com certeza que é seguro montar um cavalo pela primeira vez. Por isso muitos domadores antigos costumavam prender o animal com uma corda e amarrar uma das patas, forçando-o a ficar imóvel para ser montado. Mas como não uso cordas nem qualquer tipo de restrição, conto com o sentir. Preciso perceber o que o cavalo está sentindo, o que sua linguagem corporal me diz, o que sua energia sinaliza. Será que ele confia o suficiente em mim para fazer algo que vai contra seus instintos de sobrevivência? Será que está relaxado e prestando atenção em mim ou tenso e prestes a entrar em pânico? Está tentando me dizer que teve experiências traumáticas no passado, quando tentaram montar nele, ou será que isso é simplesmente novo e desconhecido? Ele quer agradar ou está resistindo ao processo? Já fiz o suficiente por hoje ou ele está aberto a tentar mais alguma coisa?

Minha intuição com relação a Ghost era que ela confiava em mim e não estava agressiva ou com medo demais. Ela já havia feito alguns progressos, mas sua energia positiva e seu estado de alerta me encorajaram a pedir que ela avançasse um passo. Eu estava certo. Ghost permitiu que eu colocasse meu peso na sela e caminhou timidamente, sem empacar. A máquina fotográfica de John, assim como seus olhos preocupados, acompanhou nosso progresso lento circulando no redondel.

Fiz um trajeto curto para ter certeza de que essa primeira montaria terminaria bem. Isso também é uma parte importante do sentir: saber quando parar e quando recompensar o progresso. Se você tem um bom sentir, perceberá as pequenas mudanças e saberá o que elas representam. Não, ele não está agindo perfeitamente e a mudança pode não ser drástica. Mas é uma mudança, e é isso que importa. É um tijolo no alicerce dele, uma estrutura sobre a qual é possível construir algo.

Depois de desmontar e elogiar a égua cinzenta, perguntei a John:

– O que você vê?

O que eu realmente queria saber era o que ele estava sentindo, mas ainda não o conhecia tão bem para perguntar.

John ficou quieto por um momento, olhando a égua descansar a cabeça no meu ombro e bufar, o focinho macio como veludo.

– Um conserto – disse ele. – Esses cavalos estão sendo consertados. É como se você estivesse reconstruindo pontes entre cavalos e seres humanos.

Conforme a visita de John ia chegando ao fim, lutei comigo mesmo. Será que deveria perguntar? Ou deveria ficar de boca fechada? Tinha medo de ultrapassar algum limite, mas eu sentia que o objetivo dele não era apenas tirar algumas fotos. Decidi me arriscar e questionar mais diretamente o que ele precisava consertar na própria vida.

– Vejo uma tristeza nos seus olhos – falei. – Há algum tipo de dor ou ferida do seu passado que precise de cura ou perdão?

Ele pareceu surpreso ao ouvir aquilo, mas, como a égua, confiava em mim o suficiente e continuou:

– Minha infância não foi ruim – respondeu. – Tivemos uma vida de classe média, confortável, e não me faltou nada. Mas ainda sinto raiva do meu pai, que foi embora quando eu tinha apenas 7 anos. Não estou irritado por ele ter se separado da minha mãe. Eu compreendo, alguns casamentos não dão certo. Mas não consigo entender como ele pôde abandonar todas as responsabilidades como pai e não pagar nem um tostão para sustentar os filhos.

Perguntei a John se ele mantinha contato com o pai, mas ele disse que não.

– Ele nem sabe que é avô. E meu filho já tem 6 anos.

Durante a permanência de John na fazenda, falei sobre a força do perdão e até convidei um amigo para contar sua poderosa história sobre ter perdoado o pai que abusava dele na infância. Pude sentir que John estava absorvendo as ideias, mas que ainda não tinha certeza do que fazer em seguida. Ele parecia um sujeito naturalmente reservado, e nada disso estivera em seus planos quando decidiu se afastar da cidade grande por uns dias e tirar algumas fotos. Assim, recuei um pouco e não o pressionei. As pessoas, assim como os cavalos, geralmente não reagem bem à pressão constante. Liderar com o sentir implica alternar entre pressão e liberação. Se você não libera, não dá espaço para a pessoa reagir e aprender.

Cerca de uma semana depois da visita de John, recebi uma mensagem dele agradecendo nossas conversas. Ele me disse que no dia em que foi embora ligou do aeroporto para o pai – era a primeira vez que os dois se falavam em muitos anos – e contou que ele era avô. No dia seguinte, quando John chegou a Londres, seu pai foi visitá-lo.

– Se eu o perdoei totalmente pelo que ele fez? – reflete John. – Não. Mas não queria privar meu filho de um avô só porque fui privado de um pai. Quando vi os dois juntos, jogando aviõezinhos de papel no parque, percebi que não precisava reviver todas aquelas coisas do passado. Simplesmente não era o momento certo. Então decidi deixar pra lá e seguir em frente. E acho que isso não teria acontecido se eu não tivesse visitado a fazenda. Eu era muito teimoso e amargurado.

Ouvir a história de John me fez apreciar de novo a força de confiar na intuição. Tudo que fiz foi prestar atenção no que vi nos olhos dele. Não sabia o que aquilo significava, mas tive a sensação de que valia a pena investigar. E, por seu coração ter sido tocado pelo que tinha visto com os cavalos, ele estava disposto a se abrir. No fim, três gerações foram transformadas.

Tentando sentir

Não é necessário ter nenhuma habilidade ou qualificação especial para prestar atenção no sentir e liderar com ele em mente. Mas é necessário ter humildade e disposição para aprender. Nós, seres humanos, costumamos nos distrair facilmente com o que acontece ao redor ou ficamos absortos em nossos pensamentos e sentimentos. Deixamos de perceber as pistas que estão diante dos nossos olhos. Ou as vemos, mas interpretamos de modo errado porque estamos olhando com o filtro das nossas próprias emoções. É necessário ter disciplina e cuidado para percebermos as outras pessoas e lhes dar atenção suficiente para sentir o que existe por baixo da superfície.

O sentir não é algo que você simplesmente passa a ter. É preciso continuar trabalhando, e é isso que espero que você faça enquanto lê este livro. Espero que coloque essa filosofia em prática, atentando para os resultados e se perguntando: "Eu senti aquilo?" Tudo bem se sua resposta nem sempre for "sim".

O que importa é que você está tentando.

CAPÍTULO TRÊS

Dê a ele o nome que descreva o que você quer que ele se torne

～

*– Às vezes acho que vocês acreditam em mim mais do que eu mesmo – disse o menino.
– Você chega lá – afirmou o cavalo.*

– Charlie Mackesy
O menino, a toupeira, a raposa e o cavalo

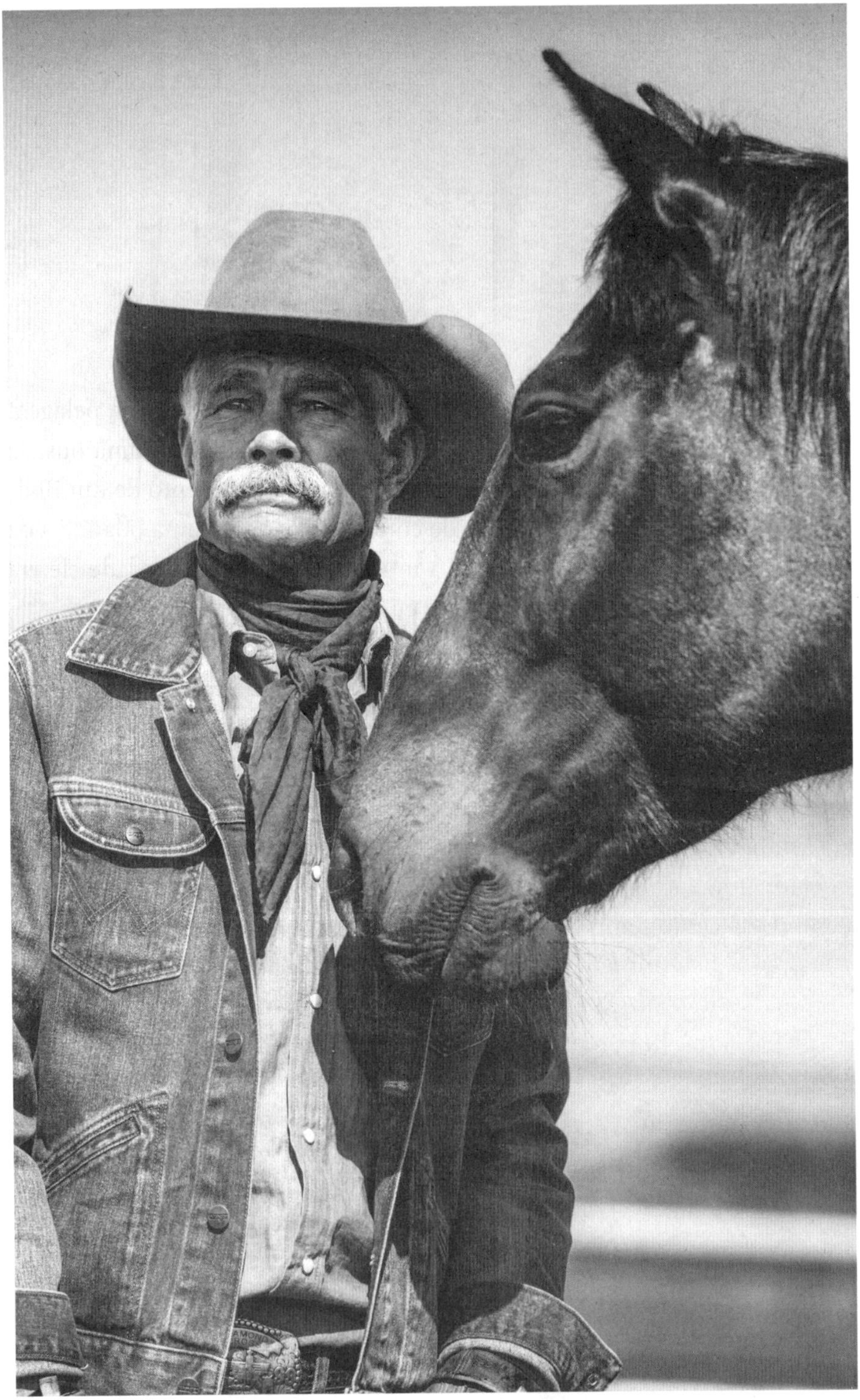

O cavalo tinha quase 1,80 metro e pesava uns 680 quilos. Sua pelagem era lustrosa, cor de carvão, e sua cara era marcada por uma ousada faixa branca entre os olhos cautelosos. Imagine o cruzamento de um Budweiser Clydesdale com um cavalo de corrida e você terá uma boa ideia da sua aparência. O tamanho o tornava intimidador, mas na verdade ele era uma das criaturas mais medrosas que eu já havia conhecido.

Quando entrei com ele no redondel, o animal levantou a cabeça, bufou com força e começou a galopar junto à cerca, procurando um ponto de fuga. O simples fato de eu estar ali o atordoava, e eu estava preocupado com a possibilidade de ele tentar pular a cerca. O cavalo era atlético, e podia mudar de direção e correr para longe num instante. O menor barulho ou movimento o fazia disparar.

Este aí deve ser desafiador, pensei. Mas quando ele diminuiu a velocidade por um momento e iniciou um trote fluido, estendendo as patas compridas e pondo os cascos em ponta como uma bailarina, também vi um potencial enorme. Aquele animal gracioso poderia se tornar um valioso cavalo saltador ou de adestramento se eu conseguisse ganhar sua confiança.

O cavalo preto pertencia a uma mulher chamada Helga, que eu tinha conhecido alguns anos antes. Ela não conseguia chegar perto dele, muito menos montar, por isso pediu minha ajuda. Depois de 30 minutos trabalhando, finalmente consegui fazê-lo ficar parado por tempo suficiente para que eu tocasse seu focinho. Pude sentir a tensão dos músculos e o cheiro do seu suor. Ele era bem mais alto do que eu, estava pronto para fugir, os olhos arregalados de medo.

– Ele age como se tivesse sido espancado – contei a Helga. – Você sabe algo sobre a história dele?

Ela balançou a cabeça.

– O cara que me vendeu disse que ele já havia sido montado, só que ninguém se dispôs a mostrá-lo para mim. Mas vi um porrete na cocheira onde ele era mantido.

Assenti, atento ao cavalo trêmulo.

– Isso explicaria o medo dele. A questão é: será que ele consegue superar isso?

Depois de sofrer abusos, alguns cavalos jamais superam. Não conseguem perdoar os seres humanos pelas coisas ruins que lhes fizeram.

Quando Helga me trouxe o cavalo, não fazia muito tempo que eu tinha começado a fazer demonstrações públicas na fazenda Diamond Cross. Algo me dizia que aquele cavalo seria um participante maravilhoso. Não sabia se conseguiria chegar até ele, mas concordei em levá-lo. A plateia ficou boquiaberta com seu tamanho e sua beleza quando a porta do trailer se abriu e ele saltou para fora, bufando alto. Não estava com corda nem cabresto – só tinham conseguido empurrá-lo solto até o trailer. Em minutos, seu pelo lustroso estava encharcado de suor e sujo da poeira levantada pelos cascos. Quando ele parava, mesmo que por um segundo, seu corpo inteiro tremia de medo, pronto para disparar ao menor movimento.

– Qual é o nome dele? – perguntou um homem da plateia.

Percebi que Helga não tinha me dito. Eu só pensava nele como "o cavalo preto e grande da Helga".

– Como vocês acham que eu deveria chamá-lo? – perguntei à plateia.

– Tremedeira! – gritou alguém.

Todo mundo riu, fazendo o cavalo correr pelo redondel. Mas, para mim, dar um nome desses não era motivo para risos.

– Esse tipo de nome define quem ele é agora – falei às pessoas –, mas não o que queremos que ele se torne.

Conheci muitos cavalos que foram batizados em momentos como esse. Quando eu era um jovem caubói numa fazenda em Nevada, pediram que eu montasse um cavalo chamado Popcorn [pipoca]. Quando perguntei por que ele tinha esse nome, o patrão apenas gargalhou.

– Você logo vai descobrir!

Imagine só: o cavalo pulava como se não houvesse amanhã. Sempre que o fazíamos saltar sobre uma vala de irrigação, ele pulava feito pipoca!

Aprendi muito com aquele animal, mas às vezes me perguntava o que teria vindo primeiro: o nome ou a ação?

Voltando ao grande cavalo preto, eu tinha certeza de que não lhe daria um nome que remetesse aos seus temores.

– Vamos dar um nome que reflita o que queremos que ele seja – sugeri ao público.

Propus o nome Braveheart [Coração Valente], em homenagem a um dos meus filmes prediletos sobre o herói escocês William Wallace. Não era só um nome; representava o potencial que eu via no cavalo e o modo como pretendia me relacionar com ele. Era exatamente o oposto de sua reputação e de suas ações. Eu sabia que ele precisaria encontrar valentia e ouvir o próprio coração se quisesse superar seus medos, perdoar o que quer que tenha acontecido de ruim no passado e aprender a confiar nos seres humanos. E eu acreditava que ele era capaz disso. Se vou trabalhar com um cavalo, preciso acreditar nele. Se eu não acreditar, não devo trabalhar com ele.

A força de um nome

Os nomes importam porque carregam expectativas. Muitas tradições antigas acreditavam que saber o nome de uma pessoa ou dar um nome a uma pessoa confere um poder misterioso sobre ela. E há verdade nisso, mas não é magia. As palavras que escolhemos ao descrever uma pessoa ou um cavalo são mesmo poderosas, porque revelam aquilo em que acreditamos. Nossas crenças determinam nossos atos, e nossos atos determinam nosso destino.

Quando pego um cavalo do qual outras pessoas desistiram e destranco seu potencial, não é porque tenho poderes especiais que os outros não têm. É porque acredito naquele cavalo e me esforço para expressar essa crença nas palavras que uso e até mesmo no modo como penso nele. As palavras e os pensamentos dele vão se traduzir na sua linguagem corporal. Sendo tão sensíveis, os cavalos vão captar nossas crenças. Esse é um lembrete de que os cavalos, tal como as pessoas, costumam se tornar aquilo que esperamos que elas se tornem.

Ao longo da minha infância e adolescência, raramente meu pai me dizia palavras de elogio ou encorajamento. Meu irmão mais velho, Clay, era o principal alvo das suas críticas. Papai vivia pegando no pé dele.

– Você é um inútil – dizia. – Não sei o que há de errado com você. Você nunca vai ser nada na vida. É um vagabundo sujo e preguiçoso.

Sem dúvida, Clay vivia segundo as expectativas do meu pai. O quarto dele parecia uma pocilga. Havia coisas espalhadas em toda parte, e o lugar fedia. O que teria vindo primeiro? As palavras ou os atos? Não estou dizendo que papai não deveria criticar toda aquela bagunça, mas, quando paro para pensar, fico impressionado por não me lembrar de ele alguma vez ter dito para Clay arrumar as coisas ou para não comer sem antes lavar as mãos sujas. Deixava-o fazer isso, e depois dizia que ele era nojento. Não é de surpreender que com o tempo os rótulos se concretizem.

Isso me lembra a época em que eu observava treinadores de cavalos que passavam o tempo todo chamando os animais de idiotas, teimosos ou coisa pior. Eles usavam muitos palavrões quando na verdade deveriam apontar o dedo para si mesmos. Os cavalos sabem o que sentimos por eles, e seu comportamento reflete isso.

Às vezes, os rótulos com os quais temos mais dificuldade de lidar são os que damos a nós mesmos. Quando conheci Peter e Luke, os filhos de Jane, eles já tinham passado por muita coisa – vários divórcios, um incêndio na casa em que moravam quando eram crianças e períodos de dificuldades financeiras. Essas circunstâncias pesaram muito em cada um deles, mas particularmente em Peter, que notoriamente guardava muito ressentimento enquanto crescia na rica cidade de Jackson Hole, em Wyoming.

Não era incomum recebermos um telefonema da escola advertindo mais uma vez que Peter tinha se metido em alguma encrenca. Em geral era algo bastante inocente, mas era o tipo de comportamento que refletia um descontentamento mais profundo. Jane e eu ficamos preocupados achando que ele estava aceitando essa reputação de encrenqueiro e que, se isso não fosse tratado, poderia levá-lo a um mau caminho.

Como Peter me contaria mais tarde, ele se sentia subestimado. Achava que as pessoas o enxergavam apenas como um garoto gorducho com óculos de fundo de garrafa e escoliose. Na verdade, a maioria das pessoas – até os professores com quem ele não se dava bem – gostava de Peter e reconhecia seu potencial. Mas ele enxergava a si mesmo como um garoto pobre que sempre tinha algo a provar, e isso se manifestava em suas atitudes na escola.

Quando começou o ensino médio, Peter estava pronto para mudar esses rótulos. Fez o que descreve como "um esforço consciente para acionar o interruptor da minha identidade". Em vez de deixar que a insegurança e a raiva o definissem, canalizou intencionalmente sua energia para ser "uma pessoa que os outros gostavam de ter por perto". Rapidamente chegou ao primeiro lugar na turma, foi eleito para o conselho estudantil e para a National Honor Society, e nomeado rei do baile de boas-vindas e de formatura.

O que recordo daqueles primeiros anos é que Peter não era um "encrenqueiro" de verdade. Ele só não sabia como estabelecer limites para si mesmo ou respeitar os limites que estabelecíamos para ele. Precisei ser paciente e deixar que ele encontrasse o próprio caminho. E encontrou. Peter foi estudar na Universidade da Pensilvânia, desenvolveu uma carreira fantástica na política e se tornou um marido e pai maravilhoso. Um dia fiquei emocionado quando ele disse a Jane e a mim que agradecia por não termos pegado pesado demais com ele naqueles anos.

– Vocês não me definiram pelo modo como eu estava agindo – disse ele. – Vocês estimularam o que havia de melhor em mim.

Quando se trata de crianças – e de cavalos –, as palavras têm poder. As ações seguem as posturas. Isso não significa que os pais são sempre culpados quando os filhos saem dos trilhos. As pessoas fazem escolhas por diversos motivos e não podemos ser muito duros conosco quando aqueles que amamos se afastam de nós. Mas sempre podemos nos esforçar para ver o que há de bom nas pessoas e encorajá-las sempre que possível. É importante ver não somente quem elas são agora, mas quem elas podem ser. Mesmo se estiverem se comportando de modo inaceitável e precisarem ser disciplinadas, você pode fazer isso de uma forma que crie espaço para a mudança e realce o que há de bom, em vez de reforçar o que há de ruim.

Aqueles que acham que palavras não machucam não poderiam estar mais errados. Ainda me lembro do impacto doloroso das palavras ditas por meu pai à minha mãe ou ao meu irmão. Frequentemente penso que naquela época eu teria preferido levar uma surra de porrete a ouvir palavras como aquelas vindas de uma pessoa que eu amava. As palavras vão direto à alma.

Somos muito mais afetados pelos julgamentos e pelas expectativas dos outros do que imaginamos – especialmente de pessoas que respeitamos e admiramos. Pode ser um mentor ou um professor, alguém bem-sucedido no nosso ramo de atividade ou esporte ou um líder que admiramos. Se você já teve um pai, chefe, professor, mentor, treinador ou mesmo amigo que acreditava profundamente no seu potencial, sabe como isso pode ser transformador. E se alguém já foi muito severo com você ou o tratou com descaso, cara a cara ou pelas costas, sabe como isso também pode ser devastador. Qualquer pessoa em posição de influência ou autoridade precisa prestar atenção especial no modo como fala com quem a admira.

Nós criamos mundos com nossas palavras. Às vezes ouço outros fazendeiros reclamarem:

– Por que é tão difícil encontrar bons empregados hoje em dia? As pessoas não querem mais trabalhar. Eu poderia fazer o trabalho mais depressa e mais bem-feito.

Certo, essas pessoas parecem não encontrar bons empregados. Jane e eu, por outro lado, não temos dificuldade com isso.

Os líderes que eu admiro têm bastante respeito e gratidão pelas pessoas com quem trabalham. E sabe de uma coisa? Essas pessoas correspondem às expectativas. Podem até não corresponder imediatamente, mas com o tempo isso vai acontecer.

Confie no progresso

Raramente a mudança acontece da noite para o dia, seja com cavalos ou com seres humanos. Às vezes podemos sentir que nossa fé no potencial de uma pessoa é equivocada. Eu certamente senti isso com Braveheart. A princípio me perguntei se algum dia o grande cavalo preto estaria à altura de seu nome. Ele disparava diante do menor barulho ou movimento. Se eu pegasse qualquer objeto, como um ancinho para esterco ou uma pá, ele soltava um gemido profundo e se preparava para um coice. Eu não podia sequer cuspir que ele disparava. Com um cavalo tão forte, isso poderia ser perigoso. O menor erro poderia resultar em um desastre.

Depois de várias sessões trabalhando com ele, cheguei ao ponto em que podia tocá-lo e manuseá-lo sem que ele disparasse. Até consegui montar nele, e, para meu grande alívio, ele não pulou. Ainda estava nervoso, mas fazendo progressos, por isso o levei para um redondel maior, onde ele teria mais espaço para se mover. Achei que isso iria ajudá-lo a desenvolver confiança. O que aconteceu em seguida foi uma das montarias mais loucas e assustadoras que já tive. Braveheart disparou como se um leão estivesse em seu encalço. Eu era meramente um passageiro enquanto ele galopava pelo redondel. Qualquer ligeiro movimento ou mudança na posição do meu corpo só o amedrontava mais. E se ele tropeçasse e caísse e eu fosse esmagado ou arrastado pelo estribo? Eu só podia lhe dar liberdade para correr e esperar que ele percebesse logo que não era necessário ter tanta pressa. Até que, exausto, ele diminuiu a velocidade para um trote, depois uma caminhada, e eu pude deslizar para fora da sela. Meus joelhos se dobraram quando cheguei ao chão sólido. No dia seguinte repetimos a cena terrível. E no outro. O que normalmente havia funcionado com outros cavalos perturbados parecia não funcionar com ele. Ele não conseguia abandonar o medo, e eu estava tentando administrar o meu e o da minha esposa, Jane, que me achava louco por correr tanto risco.

Numa tarde parei junto à cerca do redondel, observando o grande cavalo preto andar nervoso de um lado para outro, e me perguntei: "Isso vale a pena? Por que estou fazendo isso? O que estou tentando provar, e para quem?"

Odeio desistir de um cavalo. Sei que para muitos eu sou o fim da linha, mas não posso ajudar todos. Será que estava esperando demais de Braveheart? De algum modo não conseguia abandoná-lo, mesmo sabendo que essa era uma escolha perigosa. Só não conseguia desistir do potencial que enxergava nele.

Por fim, liguei para o meu velho amigo Tink, em busca de conselho. Depois de contar sobre o cavalo, perguntei:

– O que você faria?

– Bom – respondeu Tink com seu jeito lento e pensativo –, nem todos os cavalos valem o esforço. Mas se você acha que esse vale, por que não tenta montar nele duas ou três vezes por dia e aceitar sua evolução lenta? Se você permitir que ele termine a atividade com bom humor, ele vai acabar começando do modo como terminou da última vez. Só fique firme e continue fazendo a coisa certa.

Aceitei o conselho dele e continuei a trabalhar com Braveheart. A princípio, o progresso era quase imperceptível. Ele continuava a disparar e às vezes tropeçava como se fosse cair, fazendo meu coração quase parar. Porém, notei que a cada dia a distância ficava um pouco mais curta e que no fim da sessão ele vinha ficando cada vez mais relaxado, e não apenas diminuindo a velocidade por estar exausto.

Numa demonstração, Braveheart teve uma mudança particularmente drástica. Baixando a cabeça, ele me seguiu que nem um cachorro. Depois, com confiança, ficou parado enquanto eu montava em suas costas e andou calmamente no perímetro do redondel enquanto eu balançava minha capa impermeável acima dele. Isso teria sido impossível algumas semanas antes. A plateia ficou empolgada com o progresso de Braveheart. Muitas daquelas pessoas tinham voltado várias vezes apenas para vê-lo, tocadas pela história daquele cavalo lindo que tinha dificuldade para superar o medo.

No meio da plateia naquele dia estava a dona de Braveheart, Helga. Ela vinha regularmente observar o progresso do cavalo e parecia gostar de ajudar na fazenda. Enquanto trabalhava com Jane, Helga começou a se abrir, falando de algumas das suas dificuldades no passado, de relacionamentos rompidos e decepções. Era evidente que ela tinha vivido experiências difíceis e, por conta disso, desenvolveu dificuldade para confiar nas pessoas. Depois de testemunhar a mudança no cavalo, ela se aproximou de mim com lágrimas nos olhos, mas, quando perguntei o que a havia tocado, ela recuou e não disse nada.

No final daquele verão, Braveheart não tinha apenas alcançado, mas superado minhas expectativas mais ousadas. Tinha realmente merecido seu nome. O medo sumiu, e ele se tornou um parceiro disposto a trabalhar na fazenda e a dar longas cavalgadas em trilhas. Começou a treinar saltos e demonstrou ter talento natural, tanto que um treinador de saltos da região se ofereceu para continuar o trabalho. Ficamos empolgados.

Quando telefonamos para Helga contando a notícia, sua resposta nos deixou perplexos.

– Não confio naquele cavalo – disse ela. – Não quero gastar mais nenhum dinheiro com ele. Talvez eu devesse simplesmente sacrificá-lo.

Não fazia sentido. Ela tinha visto como Braveheart havia progredido. Por que não conseguia deixar de pensar em como ele se comportara no passado?

Será que não acreditava em sua mudança? Tentei desesperadamente encontrar uma solução, cheguei até a fazer uma oferta para compartilhar a guarda dele e pagar as despesas do treinamento, mas ela empacou como um cavalo teimoso, recusando-se a ouvir a voz da razão. Ficava repetindo:

– Grant, não quero que ninguém se machuque com ele.

Tive que me conter para não gritar: "É meio tarde para isso, moça!"

Eu vinha arriscando minha vida com o cavalo havia semanas, e ela nunca tinha parecido muito preocupada com isso. Agora ele tinha chegado a um ponto em que não representaria muito perigo para ninguém. Eu tinha feito outras pessoas montarem nele; fiz até um garoto de 12 anos manejá-lo e cuidar dele. Braveheart havia chegado muito longe. Era óbvio que tinha baixado a guarda e aprendido a confiar. Por que, de repente, ela estava preocupada com ele? Parecia não ver o que estava bem diante dos seus olhos. Por fim, me ofereci para comprar o cavalo, mas ela se recusou, determinando que eu só poderia trabalhar com Braveheart por mais duas semanas.

Braveheart continuou a fazer progresso e nós continuamos tentando convencer Helga a vendê-lo. Então chegou uma carta. Helga nos acusava de tentar lucrar às custas dela e do cavalo. Era uma acusação absurda. Dinheiro era a última coisa que eu queria. Na verdade, quando aceitei treiná-lo, coloquei em risco meu meio de vida. Antes que eu pudesse responder, Helga contou que esse tipo de coisa já havia acontecido com ela: um homem tinha comprado um cavalo com ela, dito que o animal não valia nada e depois o vendeu por uma quantia alta. Ela não deixaria que isso acontecesse de novo. Naquele momento, entendemos que nada que tivéssemos feito ou que pudéssemos fazer influenciaria na situação. Aquilo não tinha nada a ver com Braveheart.

Mesmo assim continuei tentando. Telefonei para Helga, mas ela se recusou a falar comigo. Pegou o cavalo e disse que ia levá-lo a outro treinador. Fiquei triste ao vê-lo partir, mas me senti aliviado, porque pelo menos ele poderia continuar progredindo. Então, alguns meses depois, recebemos outra carta. Helga escreveu dizendo que Braveheart não era mentalmente saudável e que não poderia suportar a ideia de que ele machucaria alguém, por isso tinha mandado seu veterinário sacrificá-lo.

Jane e eu ficamos arrasados. Depois de tudo por que o cavalo havia passado, depois de tudo que ele e eu tínhamos superado, ela não pôde lhe dar uma segunda chance. Algo nas experiências passadas de Helga a havia impedido de acreditar que seu cavalo tinha mesmo mudado. Ela foi incapaz de reconhecer o potencial de Braveheart quando o viu, bem diante dos seus olhos.

Perdoar é uma escolha – mas nem sempre fácil

Nós vemos o que queremos ver – e às vezes, quando alguém nos machuca, passamos a enxergar perigo em qualquer situação. Muitos de nós nem percebemos que estamos encarando a vida através de um véu de desconfiança, medo e cinismo. Ficamos tão profundamente presos aos erros do passado que eles continuam a moldar o presente. Enquanto Braveheart dominava seu medo e perdoava os seres humanos pelos abusos que tinha sofrido, Helga não conseguiu aprender a lição que ele tinha vindo lhe ensinar: perdão e cura.

Costuma-se dizer que se agarrar ao ressentimento e à raiva é como beber veneno e esperar que os outros morram, e que o perdão é um presente que damos a nós mesmos. Esses dois ditados ganharam um significado mais profundo para mim depois da morte de Braveheart. Eu lutei durante a maior parte da vida para aprender a necessidade e a força do perdão. Minha inspiração sempre foi minha mãe, Jeanne, que perdoou meu pai por ser tão abusivo verbalmente com ela nos primeiros anos do casamento. Acredito que o fato de ela perdoá-lo foi o que deu a ele a liberdade para mudar. Minha mãe não se agarrou ao passado nem insistiu em definir meu pai pelo que ele havia sido. E ele foi um marido maravilhoso e amoroso durante um período difícil que ela passou mais tarde no casamento. Às vezes, ao longo dos últimos dias de vida de minha mãe, papai falava que não conseguiria viver sem ela. Ele morreu apenas sete semanas depois dela.

Claro, a coisa nem sempre funciona assim. Só porque você perdoa uma pessoa não significa que ela vai mudar, e você não pode perdoar alguém esperando que ela mude. Mas acho que recusar o perdão torna mais difícil a mudança. E também torna mais difícil seguirmos em frente. Eu não tinha muita esperança de que Helga fosse mudar, mas sabia que precisava abrir mão do sentimento para ficar livre do peso daquelas emoções negativas. Mas foi difícil. Especialmente quando os fãs de Braveheart apareceram no verão seguinte e eu precisei contar o triste final da sua história. Na minha mente, eu continuava vendo aquele cavalo lindo e seu potencial para a grandeza. Sabia como ele havia trabalhado para mudar, porque estivera com ele em cada passo do caminho. Como ela podia ter jogado tudo aquilo fora? Por que Braveheart precisou pagar pelo sofrimento de Helga? Esses pensamentos e essas perguntas me devoravam por dentro. Tentei seguir em frente e me concentrar nos cavalos que eu ainda poderia ajudar, mas não conseguia tirar Braveheart da cabeça nem tirar do coração a raiva que sentia de Helga.

O que aprendi é que o perdão é uma escolha. Não é um sentimento. Nós pensamos: "Eu jamais perdoaria aquela pessoa. Simplesmente não conseguiria." Mas você precisa dar esse passo para se libertar, mesmo que apenas pronuncie as palavras. Talvez você precise dizê-las à própria pessoa, talvez não. Talvez você só precise dizer a alguém em quem você confia, a Deus ou a você mesmo. A princípio, você pode ter dificuldade para pô-las para fora. Mesmo assim, faça isso. As palavras são o começo dos sentimentos. Optar por dizer "Liberto essa pessoa da minha raiva, eu a perdoo" é uma das coisas mais libertadoras que você pode fazer. Pode parecer falso no início. Pode parecer que você está mentindo para si mesmo. Mas, se continuar dizendo, uma hora o sentimento de perdão surgirá.

O perdão é uma das lições mais difíceis e importantes que podemos aprender na vida. Como sempre, é mais fácil com cavalos do que com seres humanos. Se um cavalo me dá um coice ou me morde, não levo isso para o lado pessoal nem o rotulo como um cavalo ruim. Não guardo ressentimentos contra ele. Só sei que algo que aconteceu com ele no passado o fez agir desse modo, e meu trabalho é tentar ajudá-lo. O mesmo valia para Helga. Ela só estava reproduzindo o que havia aprendido, sua amargura era consequência do que ela vivera no passado. Como Braveheart me ensinou, existe um poder extraordinário em acreditar num cavalo e libertá-lo do passado. E isso também acontece com as pessoas, mesmo sendo mais difícil. Apesar de Jane e eu estarmos magoados e desapontados, sabíamos que precisávamos deixar isso para trás.

Perdoar não significa aceitar ou desculpar uma coisa errada, e sim julgar o problema, não a pessoa. Significa que você escolhe não continuar com o ciclo de medo, raiva e desconfiança. Se não perdoamos, mantemos vivas as emoções destrutivas. É como dizem: pessoas feridas ferem pessoas. E as pessoas feridas também ferem os cavalos.

Quando optei por perdoar Helga, pensei em Braveheart e tentei invocar um pouco da coragem dele. Até hoje costumo pensar naquele cavalo preto, magnífico e corajoso, e nas lições que ele nos deu: como encarar nossos medos, perdoar, nos libertar do passado e seguir em frente.

CAPÍTULO QUATRO

Limites bem definidos geram cavalos felizes

～

O respeito é uma das maiores expressões de amor.
– Don Miguel Ruiz

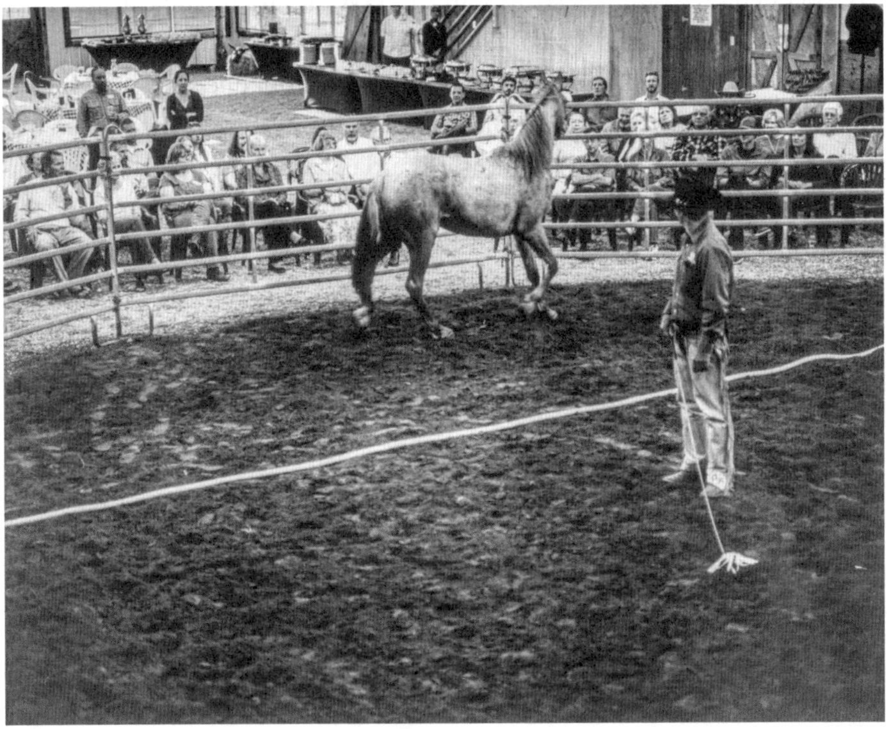

A pequena comunidade de Moran, em Wyoming, é um dos lugares mais lindos do planeta. Nossa fazenda fica num vale verde e exuberante que se estende até o sopé da majestosa cordilheira Teton, que sobe imperativamente numa série de picos serrilhados no horizonte oeste. É uma visão que jamais envelhece. Adoro ver a atmosfera das montanhas mudando junto com o clima. Mas, em determinadas épocas do ano, Moran também é um dos lugares mais frios do mundo. Chegou a bater o recorde de temperatura mais baixa do estado: 18 graus negativos em 9 de fevereiro de 1933. O pessoal que vive lá há mais tempo adora contar sobre invernos históricos, quando alces morriam congelados de pé e carros eram mantidos ligados dia e noite para impedir que os motores congelassem.

Até mesmo um inverno "normal" é difícil para seres humanos e cavalos. Todo fim de ano, quando a neve pesada e o frio cortante se acomodam nas montanhas, Jane e eu pegamos nossa cadela, Gracie, e nossos cavalos e vamos para o sudeste, para nossa propriedade em Pavillion, Wyoming, perto da reserva indígena Wind River. Os povos originários chamam o lugar de Vale Quente – e ainda que o nome pareça meio exagerado, sem dúvida é mais fácil passar os meses mais frios ali. A vista das nossas janelas não é tão famosa quanto a de Moran, mas, para mim, é igualmente espetacular. E tem uma grande vantagem.

Quando acordo, assim que amanhece, posso ver da janela as duas manadas de cavalos nos pastos e observar seu comportamento antes que Gracie os traga todo dia de manhã. Construí a casa de modo que o andar de cima fosse o principal para que pudéssemos ficar de olho nos cavalos. Sou capaz de observá-los durante horas, e frequentemente faço isso. Se você me visse sentado ali, talvez pensasse que eu estava com a cabeça nas nuvens ou desperdiçando tempo, mas, na verdade, considero isso minha formação acadêmica.

A maioria dos cavalos numa manada, seja de 5 ou 50 animais, irá deduzir rapidamente como viver juntos em harmonia e cooperação. Os cavalos são animais de rebanho por natureza. Na vida selvagem, eles se juntam por segurança, conveniência e companhia. Assim, eles têm todo o interesse em se dar bem uns com os outros – afinal de contas, discutir e brigar gasta muito mais energia e pode distraí-los de sua principal função: encontrar comida, proteger a manada de ameaças externas (seja na forma de predadores ou garanhões rivais) e criar os jovens. Talvez eles precisem resolver algumas coisas primeiro, mas um grupo de cavalos é capaz de se ajustar num padrão social que funciona em pouco tempo.

Queria poder dizer o mesmo sobre os humanos. Seja nas famílias, nas empresas ou nas comunidades, parece que estamos longe de aceitar nossas diferenças e descobrir como conviver. Não quero dizer que precisamos ser todos amigos. De fato, uma das lições mais importantes que podemos aprender com os cavalos é que estabelecer limites bem definidos e respeito é essencial para se ter uma manada feliz – e, preciso acrescentar, uma família feliz, uma equipe feliz ou uma sociedade feliz.

Para um leigo, o que vemos da nossa janela pode parecer apenas um punhado de cavalos de diferentes tamanhos e cores espalhados por ali. Mas se você prestar um pouco mais de atenção, notará que eles estão afastando as moscas uns dos outros; coçando um ponto incômodo num amigo; cochilando na sombra ou ao sol. Na maior parte do tempo não há muita empolgação no redondel, a não ser que seja a hora de comer ou que alguns cavalos mais jovens tenham decidido brincar, empinando e mordendo uns aos outros. Mas quando você conhece a linguagem dos cavalos, a cena aparentemente sem graça se torna fascinante. Existem interação constante, comunicação e dinâmica sutis. Existem cavalos mais velhos, mais dominantes, que estão por aí há um bom tempo. Eles podem orientar ou disciplinar os mais jovens ou os que acabaram de chegar à manada. Sempre há um líder que adquiriu o respeito dos outros e se tornou o alfa. A partir daí, há uma cadeia de comando ou hierarquia. Você pode perceber isso quando eles vão para o pasto à noite. Cada um ocupa seu lugar na fila. Cada cavalo encontra seu lugar e se sente seguro ali, desde o topo até a base. Os cavalos integrantes da "base" da manada não são necessariamente os mais fracos, e sim aqueles cuja personalidade se encaixa ali, onde se sentem confortáveis. Existem amizades e rivalidades particulares, além de uma hierarquia social visivelmente estabelecida e reforçada através da linguagem corporal.

Os cavalos *gostam* dessa ordem. Ela é natural para eles. Eles querem um líder forte, mas que também seja justo, não abusivo. Acho que isso também serve para os seres humanos. Temos um senso inato de justiça. Se você olhar o modo como os cavalos interagem, verá que eles respeitam e seguem naturalmente um bom líder. Eles se relacionam com os seres humanos da mesma forma. Se agirmos de maneira firme e clara, eles não vão hesitar em nos seguir. Mas se formos vagos e inconsistentes, eles nos questionarão e desafiarão nossa autoridade.

Um dia, não faz muito tempo, eu estava sentado junto à janela com uma xícara de café, observando-os com atenção. Tinha comprado recentemente um cavalo jovem e o apresentado à manada no dia anterior. Ele parecia promissor, com uma linda pelagem cinza-azulada meio prateada (chamada de "ruano azul", em termos equestres) que lhe rendeu o nome Concho – um ornamento prateado encontrado em selas ou arreios. Quando o peguei com sua dona anterior, notei que ele estava num redondel com outros dois animais que, como ele, tinham 2 anos. Perguntei se ele havia passado tempo com uma manada, e a mulher disse que não.

Não fiquei surpreso – muitas pessoas mantêm os cavalos jovens separados dos mais velhos –, mas fiquei desapontado. Isso significava mais trabalho: eu teria que ensinar a esse cavalo jovem algumas lições básicas sobre respeito. É compreensível que as pessoas se preocupem com a possibilidade de um cavalo valioso ser escoiceado ou mordido se for posto com um grupo de cavalos mais velhos e maiores. Infelizmente, estão preparando-o para o fracasso. O que muitas pessoas não percebem é que, quando o potro não tem a oportunidade de aprender a respeitar os mais velhos e receber orientação deles, as chances de que ele *realmente* seja machucado no futuro são muito maiores. Ele vai pensar que é durão porque pode vencer outros jovens numa briga, mas ele só tem essa autoconfiança porque nunca foi exposto aos mais velhos. Sem dúvida, ainda que esse potro estivesse acostumado a ser manuseado e não tivesse medo de humanos, ele tinha um problema potencialmente mais difícil de corrigir: a falta de limites.

Quando levei Concho para a fazenda, coloquei-o com nossa manada de capões (cavalos castrados). Sabia que eles poderiam fazer um serviço melhor do que eu ao ensinar bons modos a Concho. Sentado junto à janela, observei enquanto ele abria caminho até o cocho de comida ao lado de Freckles, meu cavalo mais velho e líder indiscutível da manada. Como um garoto presunçoso que não sabe respeitar os mais velhos, esse potro estava procurando encrenca.

Freckles é um líder gentil e justo, mas não admite desrespeito. Ele virou a grande orelha branca para trás – um sinal sutil, mas claro. Concho pareceu não captar a mensagem. Por que captaria? Ele nunca tivera chance de aprender.

Então Freckles balançou o rabo, uma comunicação mais direta. Quando continuou sendo ignorado, virou as ancas na direção do jovem e levantou uma pata.

Até Concho entendeu isso: "Saia do meu espaço ou vai levar um coice." Freckles estabeleceu seus limites, Concho se afastou e procurou outro cocho.

Infelizmente, aquela não foi a única vez que o potro ultrapassou os limites, e, claro, um dos outros cavalos mais velhos, menos paciente, deu um coice logo acima do joelho dele, criando uma ferida profunda que logo infeccionou, apesar de todos os nossos cuidados. Essa "falta de respeito" resultou numa ida ao veterinário e um longo tratamento com antibióticos. Precisei esperar algumas semanas enquanto a ferida sarava, até que eu pudesse começar a trabalhar para que Concho aprendesse a respeitar tanto cavalos quanto seres humanos. Eu gostaria que ele tivesse tido a chance de aprender essas lições de um modo mais natural, mais cedo na vida.

O respeito vem antes da amizade

Respeitar limites é uma das primeiras e mais importantes lições que um cavalo deve aprender para ser aceito como membro de uma manada e para se tornar um bom parceiro dos humanos. Nossa tendência natural é achar que, se formos legais com o cavalo, ele será legal conosco. No entanto, os cavalos mimados e paparicados costumam ser agressivos e difíceis de lidar. Como as crianças, eles serão grosseiros para atrair atenção caso não tenham aprendido a obedecer a limites. Entram no seu espaço pessoal, esfregando a cabeça suada em seu braço até desequilibrar você. Pisam no seu pé ou arrancam seu chapéu. Arrumam problema porque não sabem quando parar. Quando não ensinamos limites, podemos até achar que estamos sendo legais, mas na verdade estamos prestando um desserviço.

Já vi isso acontecer milhares de vezes: limites bem definidos geram cavalos felizes.

Os cavalos estabelecem limites uns com os outros. Quando você estabelece limites, está pensando e agindo como um cavalo – aumentando muito a probabilidade de eles gostarem de você e confiarem em você. Os limites bem definidos fazem com que os cavalos se sintam seguros. Algumas pessoas fazem de tudo para conquistar o amor e a confiança de um cavalo, mas, assim que ele se torna confiante e começa a ser agressivo, elas sentem medo de estabelecer um limite porque acham que podem perder a amizade e acabar com toda a aproximação que conseguiram. Na verdade, o que os afasta é a falta de um limite claro. Se o cavalo perde respeito por você porque seu comportamento é inconsistente, em seguida perderá a confiança.

Aqui vai uma lição que aprendi do modo mais difícil: *se você prejudica os seus limites em nome do relacionamento, cedo ou tarde perderá o relacionamento.*

Tenho observado que as pessoas precisam de limites, assim como os cavalos. As crianças que crescem com limites bem definidos se sentem mais confiantes em situações sociais. E depois de mais de 20 anos trabalhando com líderes, passei a acreditar que, quando limites são estabelecidos no local de trabalho, os empregados têm mais probabilidade de prosperar em seus empregos. Um exemplo comum de limite que não respeitamos é a linha divisória entre trabalho e casa – e isso só piorou depois que a tecnologia nos conectou 24 horas por dia, sete dias por semana, e a pandemia transformou a casa de muitos de nós em escritório. Logo o chefe começa a ligar durante o jantar, esperando ser prontamente atendido. Não é de espantar que as pessoas comecem a se sentir desrespeitadas e ressentidas.

Em todo tipo de parceria, seja nos negócios, no casamento, nos esportes ou em qualquer outra área, estabelecer limites e comunicá-los com clareza faz toda a diferença. Meus anos de experiência me ensinaram que nós, humanos, nem sempre somos bons em estabelecer limites, e nossa cultura também não ajuda. As pessoas suspeitam muito da autoridade e ficam bastante defensivas com relação aos seus direitos individuais. Nesse processo os limites são derrubados com muita facilidade e o respeito é pisoteado.

Muitos pais querem ser os melhores amigos dos filhos. Mas o negócio é o seguinte: o respeito vem antes da amizade. Em primeiro lugar você é pai ou mãe, antes de ser amigo ou amiga. Todos já vimos o que acontece com crianças mimadas que não são repreendidas quando fazem chiliques e têm maus comportamentos. Antes que você perceba, elas viram adolescentes que não ouvem pais e professores ou adultos que não conseguem se manter em um emprego ou respeitar as leis da sociedade.

Eu me sinto mal pelas crianças que não crescem com limites bem definidos, pois elas provavelmente serão inseguras. Sei disso porque, em muitos sentidos, eu fui assim. Meus pais literalmente me deixavam correr solto por aí. Não fui ensinado a respeitar o que podemos considerar limites normais. Quando decidi que queria levar minhas mulas para acampar durante a noite, no meio da selva, aos 10 anos, meu pai tentou me convencer de que esse era um plano idiota, mas não tentou me impedir. E minha mãe, que precisava lidar com os próprios transtornos mentais, vivia ausente. Na época isso me parecia normal. Eu adorava minha liberdade, mas sofri alguns acidentes perigosos – como o dia em que a mula predileta do meu pai caiu num precipício e quase morreu, e eu me arrisquei para tirá-la de lá. Pensando nisso agora, como pai e avô, vejo que eu era novo demais para embarcar sozinho naquele tipo de aventura, quando ninguém fazia a mínima ideia de onde eu estava. Nunca deixei minha filha fazer isso. Acredito que minha falta de limites na infância intensificou muitos problemas de relacionamento na vida adulta, até que, com a ajuda dos cavalos, passei a entender melhor a importância de estabelecer limites com as outras pessoas e comigo mesmo.

Frequentemente famílias visitam a Diamond Cross, então vejo essas questões de perto. Uma família trouxe três gerações à fazenda para comemorar os 50 anos de casamento dos avós. Eram empresários que cresceram por mérito próprio e desenvolveram uma empresa familiar bem-sucedida, agora administrada pelos filhos. Como sempre gosto de fazer, recebi-os no estacionamento com Freckles (de quem você deve se lembrar, da briga com Concho). Ele é, sem dúvida, o líder dos meus cavalos, mas também é um gigante gentil – inteligente, afável e paciente. As pessoas adoram ser recebidas por um cavalo, e acho que Freckles também gosta de ser o anfitrião.

A van parou, a porta se abriu, e um bando de netos saltou correndo. Antes que eu pudesse impedi-los, eles passaram por baixo de Freckles, colocando-se em sério perigo. Uma menina chegou a agarrá-lo pela pata traseira, como se quisesse abraçá-lo. Qualquer outro cavalo iria fazê-la voar para longe. Graças a Deus, Freckles é o cavalo mais comportado que existe, e ficou parado feito uma rocha. Sua cabeça se ergueu, reta, e ele me olhou, como se perguntasse: "O que está acontecendo aqui?"

Tirei a menina da perna dele, pedi com firmeza aos outros que se afastassem e depois esperei um momento até os pais saírem e estabelecerem alguns limites. Mas aquilo pareceu bobagem para eles. Os avós também não se meteram, ainda que se mostrassem bem preocupados. Assim, pela segurança deles e pela minha proteção, assumi a tarefa de ser firme com aquelas crianças e explicar que o que tinham feito era desrespeitoso e totalmente perigoso.

Passei a tarde inteira intrigado ao perceber que pessoas que claramente sabiam administrar uma empresa bem-sucedida e comandar inúmeros empregados pareciam incapazes de estabelecer limites simples para os próprios filhos. Aquelas crianças não prestavam atenção no que os adultos falavam. Entraram no redondel onde havia um cavalo selvagem e não treinado esperando para ser usado na demonstração. Até enfiaram o rosto no lindo bolo de aniversário dos avós, destruindo-o por completo. Jane e eu ficamos pasmos. Mas os adultos não pareciam se importar com nada disso. Alguns até achavam engraçado.

Com as crianças, o problema não é somente a falta de limites; é que os pais não deixam os filhos descobrirem como se orientar pelos limites com outras pessoas, sejam estas mais velhas ou mais jovens do que eles. Se você permitir que um grupo de crianças brinque junto, elas vão estabelecer seus padrões sociais de um modo semelhante ao da manada de cavalos do lado de fora da minha janela. As crianças mais velhas não vão aceitar falta de respeito por parte das mais novas, e as menores aprenderão a se comportar perto das maiores. Claro, nem sempre as crianças são gentis e conseguem trabalhar suas diferenças. Às vezes elas podem até ser cruéis, portanto é sensato ficar de olho caso alguma delas tenha um mau comportamento que precise da intervenção de um adulto. Mas o que me preocupa é que, ao tentarmos proteger nossos filhos de sofrer bullying ou se machucar, estejamos indo para o extremo oposto, não permitindo que as crianças brinquem sem supervisão constante. Eu me pergunto se isso não pode ser pior.

Como líder da minha manada, tento deixar meus cavalos resolverem as coisas sozinhos, até certo ponto. Da minha cadeira predileta junto à janela, fico de olho, e se houver um valentão que vá machucar alguém, lido imediatamente com essa situação. O valentão é amarrado ou posto em outro redondel para aprender uma lição sobre limites. Quando essas abordagens não solucionam o problema, às vezes chego ao ponto de montar o cavalo que está sendo intimidado para perseguir o valentão com uma bandeira. Deixo os outros cavalos observarem até que o valentão fique humilde. Se há uma coisa que não tolero é um valentão na minha manada.

Seja o mais suave possível, mas mantenha-se firme quando necessário

Ainda que uma criança ou um cachorro que não tenha aprendido sobre limites possa ser irritante e desagradável, um cavalo com o mesmo problema se torna perigoso. Até mesmo um cavalo pequeno pesa cinco vezes mais do que um ser humano médio, e já tive alguns cavalos maiores que pesavam quase 700 quilos. Você não pode se dar ao luxo, nem uma vez, de deixá-los achar que podem pressioná-lo ou montar em você. Uma vez pegamos para treinamento uma égua que não tinha recebido nenhuma noção de limite, e, antes que percebêssemos o que acontecia, ela passou correndo quando Jane abriu a porta da baia um dia de manhã, empurrando-a contra a parede e quebrando sua clavícula. O acidente foi terrível, e Jane precisou passar por duas cirurgias e usar tipoia por semanas. Para piorar, gastamos cada centavo que eu ganhei treinando aquela égua com as contas médicas. Esse é o problema de pegar os cavalos dos outros para treinar – nem sempre você sabe quais hábitos eles aprenderam em casa. Hoje, Jane costuma levar uma bandeira ou um chicote quando trabalha com cavalos numa manada. Ela usa o instrumento para atrair a atenção dos animais e reforçar seus limites, assim como Freckles balançando o rabo.

Se um cavalo não aprendeu sobre limites com os mais velhos numa manada, é fundamental que você ensine a ele e mostre que sempre haverá consequências caso os limites sejam desrespeitados. Permitir que um cavalo ultrapasse os limites que estabelecemos não somente é perigoso para os humanos envolvidos, como também é cruel com o cavalo. De novo, podemos achar que estamos sendo legais ao deixar que ele faça o que quer, mas na verdade o estamos preparando para um relacionamento de conflitos com os humanos e para um uso cada vez maior de práticas de disciplina mais agressivas.

Quando vou ensinar limites a um cavalo, especialmente a um que tenha tido permissão de se comportar mal, começo com um alerta simples, como uma palavra dita com firmeza ou uma postura clara e decisiva – como Freckles e seu movimento rápido da orelha –, mas estou disposto a fazer tudo que for necessário para estabelecer o respeito. Este é um dos pilares do meu trabalho: *seja o mais suave possível, mas mantenha-se firme quando necessário.*

Cada cavalo é diferente do outro, assim como as pessoas. Alguns são tremendamente sensíveis e querem agradar. Até um olhar de lado é o bastante para discipliná-los. Um cavalo jovem, selvagem ou traumatizado precisará de mais espaço entre os limites, para não se sentir preso e apavorado. Outros cavalos precisam de uma mão firme para dar o recado, especialmente se seu mau comportamento foi tolerado por muito tempo ou se eles passaram por treinamentos inconsistentes. Jamais sou abusivo, mas também não tenho medo de aplicar práticas de disciplina no momento apropriado. Sempre devemos começar de maneira suave, mas, se não houver resposta, pressione-o aos poucos, até conseguir mudar o comportamento. Diminua a pressão imediatamente como recompensa e deixe o cavalo refletir sobre o que aconteceu até que se sinta bem com a mudança.

Em algumas situações podemos criar um limite com a voz. Lembro-me de assistir a uma oficina do campeão mundial de treino de cães pastores, Jack Knox. Eu nunca havia escutado uma voz tão versátil. Se o cachorro fosse para o lado errado, Jack falava de forma exaltada, mais rápido e mais alto: "Ah... ah... ah... ah... AH!" No instante em que o cachorro voltava, a voz se suavizava e ganhava um tom carinhoso: "Booooom... bom garoto." Ele era muito preciso com a pressão e a permissão, usando apenas a voz. Muitas palavras eu não conseguia identificar, mas o significado era óbvio, tanto para mim quanto para o cachorro. A distinção nítida entre certo e errado nunca gerava dúvida, e a reação do cachorro era impressionante. Ainda que os border collies tenham esse nome devido à região de fronteira geográfica entre a Inglaterra e a Escócia, de onde eles se originam, acho coerente que o "border" de seu nome também possa significar "limite". Eles entendem intuitivamente os limites, e as ovelhas ou o gado bovino aprendem rapidamente a respeitar os limites estabelecidos pelo cão.

Estabelecer limites bem definidos é fundamental em todas as áreas da vida, porém muitos de nós não somos treinados para fazer isso com tanta habilidade quanto aqueles border collies, e também não sabemos o que fazer para que esses limites sejam respeitados. Quando as pessoas os ultrapassam, ficamos com raiva e frustrados. Mas se não fomos claros logo de início, o que podemos esperar?

Às vezes as pessoas nem percebem que estão pisoteando nossos limites. Ser claro não garante que os outros vão respeitá-lo, mas pelo menos deixa clara sua posição. Então você começa sendo o mais suave possível, mas disposto a se manter firme quando necessário. E, como costumava dizer Tom Dorrance, o grande mentor de muitos cavaleiros naturais: "Isso pode exigir tudo que você tem."

Uma lição sobre limites

Um dos grandes desafios ao treinar um cavalo é se livrar do medo dele e ganhar sua confiança sem perder seu respeito. Com muita frequência, quando o cavalo perde o medo, ele começa a ficar abusado. Se você tiver receio de discipliná-lo nesse ponto, ele perderá o respeito. Um bom cavaleiro reconhece o equilíbrio entre disciplina e gentileza. Às vezes imagino que existem duas linhas desenhadas na areia à minha frente – uma perto de mim e outra mais distante. A linha mais distante é a do medo. Quando você começa a trabalhar com um cavalo, está tentando encorajá-lo a atravessar essa linha, a chegar mais perto de você e se dispor a confiar.

Pode ser necessário muito trabalho duro, tempo e paciência para levá-lo ao lado certo da linha do medo. No entanto, assim que ele a atravessa e começa a confiar em você, cedo ou tarde alcançará a linha mais próxima, a do desrespeito. Agora ele está ultrapassando os limites estabelecidos e potencialmente colocando você em perigo. O que fazer, então? Muitas pessoas têm medo de disciplinar o cavalo porque passaram tempo demais ganhando a confiança dele e não querem perdê-la. De fato, quando você o repreende, é provável que ele se ofenda e fuja de volta para o outro lado da linha do medo. Agora você precisa ganhar a confiança dele outra vez e fazê-lo voltar. Mas o processo não vai mais demorar tanto, e, quando o animal fizer isso, provavelmente não descambará para o desrespeito. O ideal é manter o cavalo entre essas duas linhas. Era sobre esse ponto – onde ele o respeita sem medo – que acredito que Tom Dorrance estava falando quando disse que o cavalo estava "no lugar certo".

Quanto mais cedo você puder estabelecer os limites, melhor. É muito mais difícil voltar e consertar uma falta de respeito que se tornou habitual do que estabelecer o respeito pela primeira vez. Por isso é mais fácil trabalhar com um cavalo que tem medo e ganhar a confiança dele do que com um cavalo que foi amado e mimado e não sente medo. Um cavalo selvagem já tem um respeito saudável, mas precisa superar o medo para que possamos ser amigos e parceiros. Um cavalo domado acha que sou amigo dele, mas pode ser mais perigoso para mim se não tiver aprendido a respeitar.

Veja o exemplo de Velvet, uma linda e valente égua de 3 anos, criada por um dos meus vizinhos. Lá ela recebeu amor desde o dia em que nasceu, mas também foi paparicada demais. Sua dona, Karen, quis ser sua melhor amiga. Quando veio até mim para ser treinada, a égua era uma mistura de grudenta e nervosa. Tentava se encostar em mim quando eu entrava no seu redondel, em busca de carinho, mas, se alguma coisa a amedrontasse, ela me atropelava em segundos. Meu trabalho com ela não tinha a ver com ganhar sua confiança ou superar seus medos. Ela precisava aprender que o respeito vem antes da amizade.

Um dia levei Velvet para o redondel, para uma demonstração diante de um grupo corporativo que estava nos visitando. Assustada com as pessoas, ela correu para a direção oposta ao público, perto da porteira. De cabeça levantada e com o rabo balançando ao vento, andava de um lado para outro, olhando por cima da cerca, para o redondel onde estavam os outros cavalos. Eles não prestaram muita atenção, tinham visto aquela apresentação muitas vezes. Mas a plateia humana estava fascinada com a astúcia e a beleza da égua. Eu montei um dispositivo de treinamento simples, mas muito eficaz, para ensinar limites a Velvet. Primeiro coloquei uma corda branca grossa no chão ao longo de um terço do redondel, dividindo-o em duas áreas, com a menor mais próxima da plateia.

– Vou precisar de vocês para ajudá-la a obedecer a esse limite – falei com o público. – O que queremos é que ela fique de um lado da corda, mais perto da plateia. Quero que ela respeite esse limite e não o ultrapasse, indo para o outro lado do redondel, onde está agora.

Não era um desafio simples, por vários motivos. Motivo um: Velvet estava solta no redondel, sem qualquer restrição, e a corda só estava esticada no chão, o que não representava uma barreira real. Motivo dois: o instinto do cavalo é ficar o mais longe possível de um grupo grande de pessoas, e não perto delas. Motivo três: o cavalo sabe que a porteira do outro lado do redondel é o caminho para a liberdade ou de volta para a segurança, que é a manada.

Usando minha bandeira, impeli a égua para o outro lado da corda para mantê-la mais próxima da plateia.

– É aqui que queremos que ela fique – expliquei. – Quando ela passar por cima da corda para o outro lado, quero que vocês gritem, batam palmas e façam o máximo de barulho possível. No momento em que ela voltar para este lado, colocando as quatro patas, e não duas ou três, parem com o barulho completamente.

O barulho é amedrontador para os cavalos, por isso podemos usá-lo no treinamento como uma forma de pressioná-los, e o silêncio é um modo de liberar a pressão quando o cavalo faz o que pedimos.

Assim que Velvet atravessou o limite e o estardalhaço começou, ela voltou correndo por cima da corda. Silêncio. Ela passou por cima da corda de novo. Barulho. E voltou. Silêncio. Só precisamos de algumas rodadas para que ela escolhesse, voluntariamente, ficar do lado certo da corda e respeitar o limite. Isso lembra outro dos meus princípios centrais, que mencionei anteriormente (e aprofundarei no capítulo 5): *Facilite a coisa certa e dificulte a errada – e dê ao cavalo a liberdade para escolher.*

Fiquei feliz com o progresso de Velvet. E a plateia, como sempre, ficou pasma com a velocidade com que ela havia comprado a ideia. Velvet foi para casa depois de aprender a me tratar com mais respeito enquanto eu a estava treinando e montando nela e depois de aprender a honrar vários tipos de limites, não somente uma corda no chão. Mas será que ela continuará assim? Depende. Se a dona dela continuar a reforçar os limites e insistir no respeito antes da amizade, sim. Vai ser um desafio, eu sei. A própria Karen não é muito boa com limites – sempre interrompe a conversa das pessoas para contar histórias sobre seus cavalos e não percebe que está atrapalhando. Espero que também tenha absorvido um pouco do que eu expliquei durante a demonstração. Ela realmente ama seus cavalos, e será muito melhor para todos os envolvidos se ela conseguir acrescentar o respeito ao amor.

Limites + consequências + liberdade de escolha

Impor limites não é uma restrição física ou um castigo. É traçar uma linha que você pode escolher cruzar ou não, mas há uma consequência se você atravessá-la. Se meu objetivo fosse apenas forçar a égua a respeitar o limite, teria colocado uma cerca de 2 metros de altura atravessando o redondel, e não uma corda no chão, ou a teria amarrado para que ela não atravessasse a linha. Mas isso não seria respeitoso nem me faria ganhar o respeito dela. O poder de um limite é ser algo honrado voluntariamente – e isso estabelece um relacionamento de respeito mútuo.

Para que funcionem, os limites precisam ser claros, consistentes e ter consequências. Então você dá ao cavalo ou à pessoa a liberdade de escolha. Na primeira vez em que experimentei o exercício de limite no redondel, desenhei uma linha na terra com a bota. O problema é que o limite não ficou claro. A corda grossa e branca funciona muito melhor porque não há nada vago em relação àquele limite. Mas a corda sozinha, sem o barulho, não basta. A égua está livre para atravessá-la, mas rapidamente aprende que a consequência é o barulho, que é estressante para ela. Como sou consistente com essa consequência, não demora muito para que ela faça a escolha certa. "Você pode escolher a porteira", costumo dizer, "mas isso trará uma consequência". Quando ela faz essa escolha, não a castigo, não a agrido nem a obrigo a voltar, mas aplico pressão na forma de barulho. Mostro que a escolha que ela está fazendo não funciona muito bem e a encorajo a procurar e encontrar um caminho melhor. Isso só funciona se as consequências forem consistentes. Se a plateia não fizesse barulho toda vez que ela cruzasse a corda, ela não saberia o que fazer e acabaria confusa e insegura.

Não basta estabelecer limites uma vez. Quando você apresenta um limite e as consequências por desrespeitá-lo, precisa ser consistente até o fim. As pessoas acham que não há problema em aliviar "só dessa vez", mas não percebem o dano que isso causa. Os cavalos não entendem coisas vagas. Se você é vago sobre seus limites, o cavalo perde a confiança. Impor limites não significa nada se não for algo constante.

Sem dúvida você já viu isso acontecendo com pais. Eu já. Uma cliente aparece na fazenda com o filho, e, enquanto ela tenta conversar comigo sobre seu cavalo, o menino fica chutando cascalho na perna dela.

– Johnny, não faz isso – diz ela. Isso é um limite. Johnny a ignora. – Johnny, se você fizer isso de novo vai ter que ficar sentado no carro.

Isso é um limite acrescido de uma consequência. Mas Johnny continua lhe desobedecendo e a mãe não o coloca no carro como tinha avisado, só continua brigando com ele, ao mesmo tempo que tenta conversar comigo. Qual a mensagem que ela está transmitindo ao Johnny? Que o que ela disse não era sério. Mamãe não está dizendo a verdade.

Com os cavalos também funciona assim. Se o cavalo tenta abocanhar um tufo de capim enquanto você está cavalgando e você puxa a cabeça dele para cima, mas deixa que ele faça isso na vez seguinte, está dizendo que ele pode continuar tentando. Assim ele ficará baixando a cabeça constantemente e puxando você para fora da sela porque está com vontade de comer um petisco. Se um puxão nas rédeas não for suficiente, será acompanhado por uma ligeira esporeada nas costelas. Se isso não resolver, aplique a espora com um pouco mais de força e continue aumentando a pressão até que esse limite não seja mais ultrapassado.

Na época em que eu jogava polo, lembro de um sujeito que parecia ser um bom cavaleiro e um ótimo pai para as três filhas. Eram crianças confiantes, seguras, saudáveis, confiáveis. Quando elas faziam algo errado, o homem dizia seus nomes com certo tom de voz, depois lançava o que elas chamavam de "o olhar". Só era necessário isso para que elas se comportassem. Por que funcionava? Porque "o olhar" tinha consequências. Sem dúvida ele havia deixado claras as consequências de ignorá-lo e não tivera medo de ir até o fim.

Limites + consequências + liberdade de escolha: Jane e eu aplicamos a mesma fórmula quando nossos filhos eram adolescentes. Definimos que o horário limite para eles estarem em casa e na cama era às 10 da noite. Também estabelecemos consequências para a transgressão desse limite: não sair nos dois fins de semana seguintes. Com tudo isso acordado, não precisávamos repreendê-los em relação ao horário nem procurá-los quando eles demoravam. Respeitávamos a liberdade de escolha deles ao mesmo tempo que pedíamos que eles respeitassem os limites que estabelecemos. No café da manhã do dia seguinte dizíamos simplesmente:

– Sinto muito se você fez aquela escolha, querida, mas como consequência você vai passar os dois próximos finais de semana em casa com a gente.

Você pode ser suave sem abrir mão dos seus limites

Muitas pessoas pensam nos limites como posições rígidas. Prefiro pensar neles como algo suave, porém firme. Não é você que está tornando a coisa difícil: o cavalo – ou a criança – está sendo duro consigo mesmo por conta da escolha que está fazendo. Aqui vai um exemplo simples que demonstra bem esse princípio: quando você está montando um cavalo, as rédeas são um limite, assim como suas pernas nos flancos dele. Se o cavalo puxa contra o freio, está forçando o limite. Você não precisa puxar de volta nem dar um tranco, mas precisa manter o limite firme. Suas mãos são suaves, mas não se movem; você não o está puxando. Ele está puxando contra si mesmo, e a sensação não é boa, então ele vai procurar outra resposta. Vai levantar ou baixar a cabeça, trincar a mandíbula, firmar as patas ou até puxar as rédeas. Você não precisa fazer nada, a não ser ficar imóvel e esperar até que ele pare de resistir. No segundo em que ele fizer isso, você libera a pressão como recompensa por ele ter respeitado o seu limite.

A mesma coisa acontece com os adolescentes que desobedecem ao toque de recolher. Você não precisa gritar nem brigar toda vez que eles chegam tarde em casa. Você pode ser gentil e compassivo, mesmo depois de arrumarem problema. Você não precisa mover um dedo, não é você que está tornando a coisa difícil. Eles escolhem pegar pesado consigo mesmos quando decidem ultrapassar o limite sabendo que haverá consequências. Ao permanecer suave, porém firme, você lembra a eles que existe uma opção melhor.

Claro, testar limites é uma parte natural do crescimento, tanto para as crianças quanto para os cavalos. Nem sempre será um passeio fácil. É como eles encontram seu lugar, como estabelecem sua independência, como se definem. Quando você estabelece um limite, pode esperar que ele seja testado, e o fato de ele estar sendo testado não precisa ser um problema. Desde que permaneça o mais suave possível, mas mantendo a firmeza quando necessário, você vai estabelecer limites sem desagradar.

Os limites podem nos unir

Frequentemente pensamos em limites como linhas divisórias entre nós e o outro, seja uma pessoa, um cavalo ou um cachorro. E às vezes precisamos mesmo estabelecer limites assim, para reforçar o respeito pelo nosso espaço natural. Mas, se forem bem esclarecidos, os limites não têm a ver com divisão, e sim com união. Têm a ver com manejar expectativas e estabelecer a confiança através da clareza e da consistência. Quando alguém respeita você e lhe dá espaço, você se sente mais próximo da pessoa do que de alguém que fica perturbando o tempo todo, exigindo atenção. Por isso os cavalos da manada conseguem viver juntos em harmonia.

Às vezes o limite não está entre nós e o outro; ele pode ser usado para dizer "Fique aqui comigo", e não "Fique longe de mim". Pense numa mãe levando um filho de 5 anos para um passeio no parque. Ela o deixa correr um pouquinho à frente, mas não muito longe. Diz que ele deve parar antes de atravessar a rua e que ele jamais deve sair da vista ou do alcance da voz dela. Esses limites os mantêm juntos e mantêm a criança em segurança.

Quando você está trabalhando com uma equipe, pode estabelecer limites que ditem como os indivíduos vão interagir e colaborar, para manter a equipe unida e alinhada. Por exemplo, algumas ocasiões podem ser determinadas para um trabalho sem que cada participante interrompa o outro, ou podem ser estabelecidas diretrizes que definem como as decisões são tomadas e quem será ouvido. Limites bem definidos impedem conflitos e permitem que a equipe desenvolva confiança e respeito. No fim das contas, como minha esposa Jane gosta de dizer, estabelecer limites claros é bom para todos. A liberdade dentro dos limites é um lugar seguro para trabalhar e brincar.

CAPÍTULO CINCO

Facilite a coisa certa e dificulte a errada

~

Onde há força não pode haver escolha.
— John Jortin,
teólogo e historiador inglês

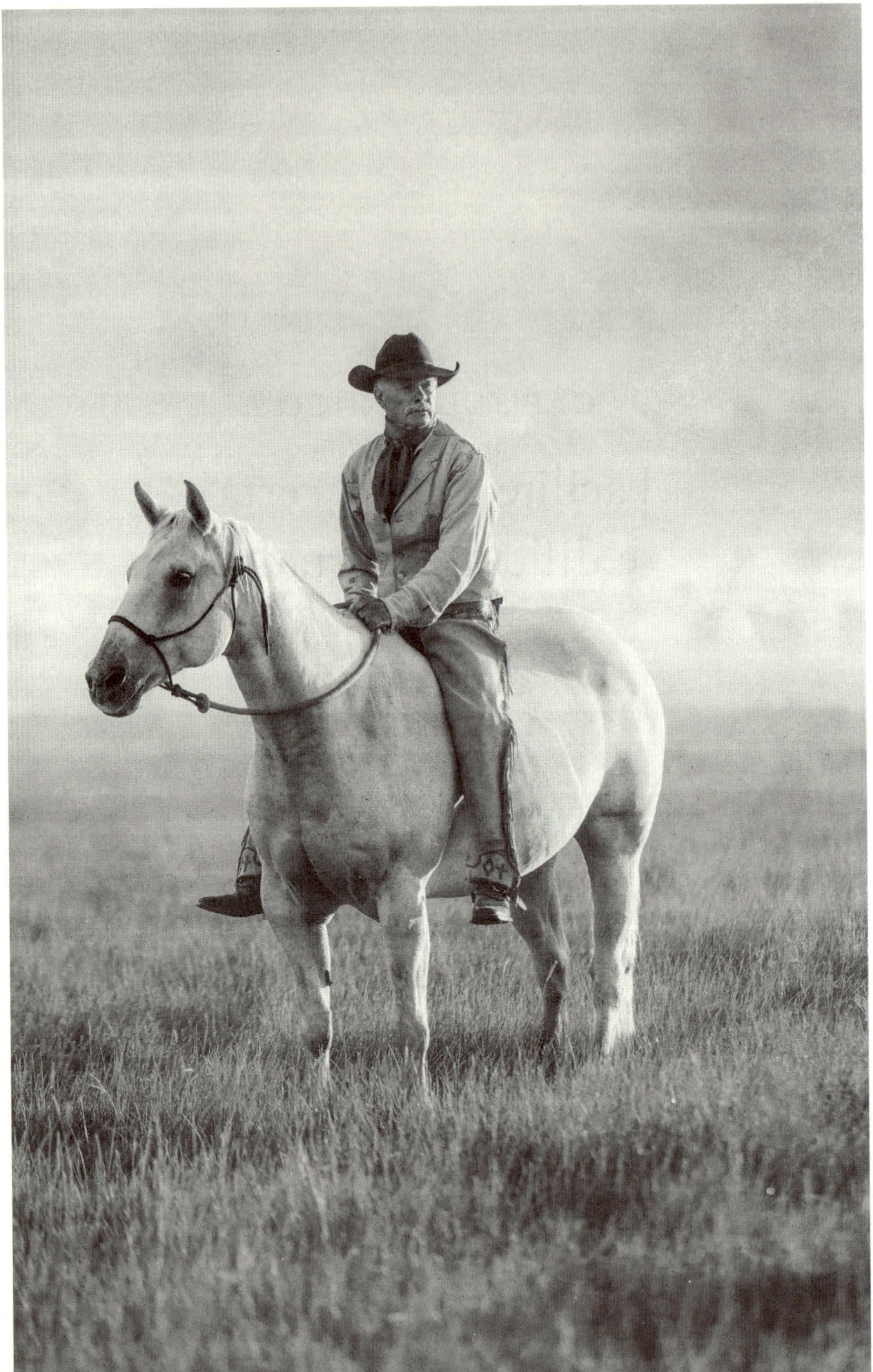

Uma vez ouvi o grande mestre Ray Hunt dizer:
– Não existe essa coisa de cavalo desembestado. Posso cavalgá-lo tão rápido quanto ele pode desembestar.

Ele disse essas palavras enquanto galopava em alta velocidade em volta de um estacionamento, montado num impetuoso garanhão árabe. Eu tinha acabado de chegar para minha primeira aula de treinamento, e foi assim que fui apresentado ao homem com quem eu esperava aprender. Observei enquanto ele deixava o cavalo correr, sem qualquer tentativa de fazê-lo parar, mas ainda direcionando as patas do animal em torno dos carros e dos trailers estacionados enquanto curiosos saíam do caminho. Uma hora o cavalo se cansou e diminuiu a velocidade sozinho. Ray o elogiou, desceu da sela e devolveu as rédeas ao dono.

Recentemente, pensei nas palavras dele enquanto levava meu cavalo Rooster para o grande redondel na nossa fazenda. Rooster tem 8 anos e é um cavalo muito educado e bonito, com pelagem castanho-escura. Ele é supersensível e tem bastante energia. Também se sente insultado com facilidade, então é necessário tratá-lo da maneira certa. Ele já havia trabalhado naquele dia – duas adolescentes da Costa Leste tinham vindo à fazenda para cavalgar, e eu as tinha deixado dar uma volta nele. As duas são boas amazonas, mas foram treinadas num estilo tradicional que ensina a controlar e conter o cavalo. Ao encontrar um cavalo de sangue quente como Rooster e sentir a ansiedade dele, seu instinto é se esforçar *ainda mais* para conter a energia do animal, em vez de simplesmente direcioná-la. Essa combinação fez com que Rooster lutasse contra o freio na boca enquanto elas batalhavam pelo controle. Fiquei preocupado com a possibilidade de ele ter adquirido alguns maus hábitos. Não quero ter que lutar contra meus cavalos nem contê-los; quero que eles *escolham* cooperar comigo.

– Desculpe, filho – falei enquanto abria a porteira e acariciava as crinas no seu pescoço, ainda rígidas de suor seco.

Era uma tarde de junho, fazia um calor incomum, e eu havia trabalhado durante horas no redondel empoeirado. Como o cavalo, eu estava querendo uma pausa. Mas aquilo era importante.

– Você não terminou o dia. Preciso que volte ao seu alicerce de confiança, que relaxe e entre em sincronia comigo. Assim podemos terminar o dia com um clima bom.

Montei. E então, me inclinando para a frente, tirei o cabresto e o pendurei na cerca.

Quando se trata de um cavalo tenso como Rooster, isso é um risco. Sem um freio de metal na boca ou rédeas para fazê-lo ir devagar ou guiá-lo, estou abrindo mão do controle. Se o cavalo quiser correr, corcovear ou fazer praticamente qualquer outra coisa, só posso me agarrar em cima. Quando faço isso nas demonstrações com Freckles, meu amigo de confiança, sei que ele vai cuidar de mim e fazer exatamente o que quero. É como se ele lesse a minha mente. Na verdade, acho que ele lê, ou pelo menos capta a linguagem corporal que é tão sutil que não pode ser enxergada. Com Rooster, um cavalo mais imprevisível, a coisa é diferente. Mas decidi que valia a pena correr o risco naquele momento, para fazer o cavalo pensar e para lembrar a ele sua liberdade de escolha.

Descrevo minha abordagem no treinamento de cavalos como "livre de contenções". Isso não significa que eu não use cordas, cabrestos ou rédeas como ferramentas, quando necessário. Mas, especialmente no início, dou ao cavalo a liberdade para se mover e para *escolher* – o que lhe dá a liberdade de aprender.

Muitos cavaleiros têm medo de um cavalo jovem escapar do controle, por isso tentam contê-lo ainda mais. Isso provoca uma ansiedade maior no cavalo, e quase sempre ele reage pulando, empinando ou de outras formas perigosas, para não mencionar maus hábitos como puxar o freio, trincar os dentes e sacudir a cabeça. Quando monto um cavalo pela primeira vez, uso um cabresto de corda (sem freio), permitindo que o animal tenha muita liberdade para se mover quando estiver com medo. Não quero que ele se sinta numa armadilha. É muito importante sempre dar uma rota de fuga em que o cavalo tenha espaço para escapar. Isso lhe dá confiança, pois ele sabe que sua vida não corre perigo.

Meu trabalho como professor é oferecer escolhas ao cavalo e fazê-lo pensar. Quero entrar na mente dele, e não forçar seu corpo a obedecer. Faço sugestões e o ajudo a encontrar as respostas certas, mas jamais o obrigo a fazer o que quero nem o impeço de fazer o que ele acha que precisa fazer. Quando faz a escolha errada, ele consequentemente encontra uma pressão contínua ou um trabalho difícil. Quando faz a escolha certa, deixo-o pensar que a ideia foi dele e o elogio por isso, dando-lhe uma folga ou um descanso, junto, talvez, de um carinho no pescoço ou palavras de reforço. Acredito que isso desenvolve sua autoestima. Os cavalos realmente apreciam essa liberdade e aprendem depressa. Acho que nós, como seres humanos, somos bem parecidos com os cavalos nesse quesito. Não queremos que alguém fique dizendo o que precisamos fazer nem nos forçando a fazer algo contra nossa vontade. Aceitamos melhor as instruções quando temos a liberdade de fazer nossas próprias escolhas.

A liberdade de escolha é absolutamente fundamental quando trabalhamos com um cavalo jovem. Mesmo com um mais velho, como Rooster, essa é uma lição à qual sempre volto.

Com frequência os líderes cometem o erro de pensar que o caminho mais rápido para o resultado que desejam é *não* dar muitas opções às pessoas. A lógica deles é: "Se eu der liberdade demais, o resultado será o caos. As pessoas cometerão muitos erros, pegarão atalhos e não farão o trabalho." Por isso, criam muitas regras e supervisões, tentando afastar o máximo possível de risco e imprevisibilidade do sistema.

O problema dessa abordagem é que ela pode funcionar bem quando o líder está na cola das pessoas. Mas, assim que ele for para outro local, os funcionários provavelmente afrouxarão um pouco. Eles não sentem que existe uma parceria ou que são responsáveis para prosseguir de modo independente. E por que sentiriam? Não foram tratados como parceiros, e para muitas pessoas isso é um insulto. Você não odeia sentir que não tem escolha ou que não tem liberdade para se manifestar e dizer o que pensa? Isso mina o poder e leva ao ressentimento. Quando sentimos que temos escolha, podemos até não gostar das opções diante de nós, mas pelo menos temos alguma influência no que acontecerá em seguida.

Tratar uma pessoa como parceira significa dar a ela uma escolha e confiar que ela tome boas decisões. Você pode encorajá-la a tomar as decisões certas, dar sugestões e criar consequências para qualquer escolha que ela faça, mas não pode forçá-la. Muitas pessoas tratam os cavalos com tirania, assim como alguns líderes fazem com seus funcionários. Minha abordagem é mais focada na negociação.

Claro, dar liberdade de escolha aos cavalos ou às pessoas não significa que não existam estruturas ou diretrizes. Não é um "liberou geral". Eu não tentaria fazer o exercício sem cabresto com Rooster num lugar aberto, pedregoso, traiçoeiro. Faço num redondel seguro, bem contido, com chão macio e cercas lisas. Isso significa prepará-lo (e a mim) para o sucesso. De modo semelhante, acredito que o papel de um líder é preparar as pessoas para o sucesso, promovendo um ambiente de aprendizagem em que as expectativas e os limites sejam claros, mas exista liberdade dentro desses parâmetros. É sempre um equilíbrio em que você precisa prestar atenção. Estou sendo controlador demais? Preciso aliviar um pouco? As coisas precisam correr soltas? Tenho que criar mais estrutura?

Honre a liberdade de escolha

Um dos princípios mais poderosos que aprendi com o sábio Ray Hunt é: "Facilite a coisa certa e dificulte a errada." É isso que nos permite dar liberdade ao cavalo e respeitar o direito de escolha dele ao mesmo tempo que alcançamos o resultado desejado. Os cavalos são muito inteligentes e não têm interesse em continuar fazendo uma coisa difícil, estressante, dolorosa ou exaustiva. Eles são sobreviventes. Dê a um cavalo inteligente uma opção melhor – uma opção mais fácil –, e cedo ou tarde ele irá aceitá-la. Ao respeitar o direito de escolha em vez de tentar forçá-lo a se comportar de determinado modo, uma parceria voluntária é desenvolvida – como a que tenho com Rooster. Ele só precisava de um pequeno curso de reciclagem naquele dia.

Usando as pernas e balançando o chapéu perto da cabeça dele, fiz com que ele desse voltas junto à cerca, com a poeira flutuando atrás de nós.

Existem poucas coisas mais empolgantes do que montar um cavalo sem cabresto em alta velocidade. É necessário um bocado de confiança. Quando chegamos ao lado oposto do redondel, Rooster se virou e voltou pelo meio, em direção à porteira. Quando chegou mais perto, diminuiu a velocidade. Como a maioria dos cavalos, ele queria parar junto à porteira e voltar para os amigos. Quando chegava ao outro lado do redondel, queria acelerar e voltar à porteira o mais depressa possível. Eu queria lembrar a Rooster como parar sem lutar contra o cavaleiro. E queria que ele fizesse isso do lado oposto do redondel, exatamente no local onde ele queria acelerar. Eu não tinha um freio de metal em sua boca para enfatizar a ideia, por isso precisava colocar a filosofia em ação. Facilitar a coisa certa e dificultar a errada.

Nesse caso, a "coisa certa" era estar do lado oposto do redondel e parar com calma, por vontade própria. A "coisa errada" era a porteira. Assim, a cada vez que chegávamos perto da porteira eu instigava Rooster a galopar mais depressa, balançando o chapéu, apertando as pernas, me inclinando à frente e acelerando o ritmo com o corpo. Estava associando a porteira a um trabalho difícil. À medida que ele chegava ao outro lado do redondel, eu me acomodava calmamente na sela, sugerindo com a linguagem corporal que gostaria que ele diminuísse a velocidade. Sem rédeas, não podia fazê-lo parar, mas podia incitá-lo. Depois de algumas tentativas, ele parou exatamente onde eu queria. Passei a mão pelo seu pescoço e o deixei ficar parado por um minuto. Quando um cavalo faz a escolha certa, dou-lhe um descanso para que ele possa refletir sobre o que acabou de aprender e espero a ideia penetrar na sua mente. Isso o ajuda a se lembrar da experiência e a aprender com ela. Rooster é um cavalo inteligente e essa não era a primeira vez que ele era montado, por isso não demorou muito para deduzir. Repeti o exercício algumas vezes e depois apeei, afrouxando a cilha e esfregando sua cabeça e seu peito como recompensa. Ele baixou a cabeça, deu uma bufada longa e me seguiu como um cachorro enquanto eu voltava para a porteira. Tínhamos encerrado o dia.

Para além da batalha de vontades

Não há sentido em ficar preso numa batalha de vontades. Acredito que isso serve para todas as áreas da vida, não somente no redondel. Mas, quando se trata de cavalos, isso é especialmente importante, porque eles são muito maiores do que nós! Entrar numa batalha de vontades com um animal que pesa 10 vezes mais do que você provavelmente não será bom – inclusive para o cavalo. Antigamente usávamos a expressão "luta de bronco" para os antigos métodos de domar um cavalo, e havia um motivo para não fazer isso em público. Era empolgante, mas não era bonito. Outro antigo termo de caubóis para um domador de cavalos era "lanhador de broncos", porque frequentemente o cavalo acabava com a pele lanhada e às vezes o lanhador também. Como acontece na maioria das batalhas de vontades, um lado, ou os dois, acabava se machucando.

A chave para o sucesso com essa filosofia é se manter firme. Você não pode facilitar a coisa certa e dificultar a coisa errada só uma vez e depois permitir que a coisa errada funcione para eles. Se uma criança tem um chilique e você cede, está deixando a coisa errada funcionar. Se um cavalo pula e joga você no chão e você imediatamente tira a sela e o deixa voltar para a manada, está permitindo que a coisa errada funcione para ele. Gosto de lembrar ao cavalo que corcovear é um trabalho duro, impelindo-o e mantendo-o em movimento enquanto ele optar por ficar pulando. Assim que ele escolher avançar livremente sem corcovear, deixo que ele descanse e pare. Uma vez tive uma égua que não parava de pular sempre que recebia a sela. Por isso coloquei uma sela de carga com dois sacos de 25 quilos de sal e a soltei no redondel. Ela estava livre para corcovear, se achasse que era a melhor coisa a fazer, mas sem dúvida não seria fácil!

Em momentos assim é importante saber que geralmente as coisas pioram antes de melhorar. Você pensará: "Isso não está funcionando." O chilique piora. Você sente vontade de desistir. Quando isso acontece comigo, sempre escuto na cabeça a voz do meu mentor, Tink Elordi, dizendo: "Fique firme aí!" Tink costumava me dizer isso quando eu trabalhava com ele e um cavalo estava atravessando um limite que eu havia estabelecido. Às vezes ele precisava berrar, porque eu estava voando pelo pasto sem freio. *"Fique firme aí!"*, eu o ouvia gritar por cima do som do vento e dos cascos. E assim que o cavalo reagia com uma mudança – às vezes antes de eu mesmo perceber que isso havia acontecido –, ele dizia: "Isso. Sentiu isso?" Até *sentir*, você precisa ficar firme. Caso contrário deixe que a coisa errada funcione para o cavalo. Tenha fé no processo e não libere a pressão enquanto o cavalo estiver resistindo.

Como líder, é necessário ter sabedoria para perceber quando e como aplicar pressão. Lembre-se: o objetivo é preparar o cavalo para o sucesso e ajudá-lo a chegar lá em segurança. Seja sábio ao escolher suas batalhas. Você não quer começar uma coisa que não poderá terminar. Se desistir no meio de uma tentativa, quando ele ainda estiver resistindo, o comportamento dele só vai piorar, porque você estará recompensando a coisa errada. Se eu tenho uma questão para resolver, primeiro vou considerar: essa é a hora certa para um conflito? E esse é o lugar certo? Estou em algum lugar seguro onde há menos probabilidade de o cavalo ou eu sair machucado? Se eu estiver num terreno com gelo ou num pasto com cerca de arame farpado, esse pode não ser o melhor lugar para resolver uma questão difícil.

É fácil pegar um cavalo selvagem – você pode fazer isso em cinco minutos se tiver habilidade com o laço. Mesmo assim, precisará tirar o laço depois. Isso implica ganhar a confiança dele, o que pode levar cinco horas. Não comece uma coisa se não estiver preparado para terminar. Isso também se aplica às pessoas. Não faça uma crítica, ainda que seja construtiva, se não tiver tempo para estar presente quando ela for recebida. Não faça uma pergunta profunda ou desafiadora se não estiver pronto para ouvir a resposta.

Você não pode forçar a lealdade

O poder da livre escolha transforma os conflitos em parcerias. Quando as pessoas ou os cavalos sentem que você respeita a autonomia deles ou confia que eles farão as escolhas certas mesmo quando você não estiver olhando, eles se tornam mais proativos e responsáveis. Os cavalos aprendem muito rapidamente que, para ganhar a liberdade que eles tanto buscam, só precisam fazer a escolha certa. No meu trabalho com cavalos passei a acreditar que a verdadeira obediência e, mais importante, a lealdade só são alcançadas na liberdade, com limites claros e consistentes.

Essa é uma lição que tem sido poderosa para muitos líderes que me viram trabalhar. Os bons líderes sabem que não podem controlar tudo. Mesmo se quisessem, suas organizações são grandes e complexas demais, e as coisas mudam com muita rapidez. O microgerenciamento diminui a velocidade de tudo e faz com que os empregados se sintam ressentidos e desrespeitados. Se eu fiscalizar constantemente o trabalho de uma funcionária da fazenda enquanto ela estiver limpando o celeiro ou colocando a sela num cavalo, a pessoa vai sentir que eu não confio nela. Mas se ela souber que eu acredito na sua capacidade e confio em seu bom julgamento, ela se sentirá responsável mesmo quando eu não estiver olhando.

As pessoas precisam de autonomia para tomar decisões e mais iniciativas. Um bom líder deve encorajar a autonomia, e não restringi-la. Por isso, princípios como "facilitar a coisa certa e dificultar a errada" são ótimas ferramentas de liderança. Elas ajudam os líderes a empoderar os funcionários em todos os níveis da organização, estimulando-os a pensar por conta própria, assumir riscos e ser inovadores.

Os cavalos, como as pessoas, sabem quando você não confia neles ou não respeita sua capacidade de escolha. Se você tratar seu cavalo dessa forma, na maior parte do tempo ele fará o trabalho por obrigação, mas ficará ressentido. Já vi muitos cavalos assim. Quando vou ao redondel pegar meus cavalos, quero que eles venham até mim não porque precisam, e sim porque sabem que é o melhor para eles. Mas se você não estabeleceu esse tipo de conexão com seus cavalos, eles podem virar a cabeça para o outro lado assim que você entrar no redondel. Eles podem deixar que você os pegue, porque sabem que não têm escolha, mas não vão reconhecê-lo. Você tem o controle do corpo deles, mas não do coração. Não há lealdade nesse tipo de relacionamento, e na primeira oportunidade eles vão deixá-lo na pior. Se o seu relacionamento depende da força, e não da livre escolha, não é de fato uma parceria.

Isso se torna um problema real quando você se pega numa situação difícil e precisa contar com seu cavalo. Um cavalo parceiro ficará com você nos bons e nos maus momentos. Se você estiver na cordilheira e seu cavalo pisar num buraco e tropeçar, jogando-o para fora da sela, você se tornará dependente da vontade dele de permanecer ao seu lado. Se ele só faz o que você manda porque você o mantém na extremidade da corda ou das rédeas, essa provavelmente será a última vez que você o verá. Ele vai perceber que tem uma chance de se libertar e então vai fugir. Você ficará ali, sozinho, à mercê das intempéries, porque seu cavalo não está alinhado mentalmente com você. A segurança dele é sua manada e o redondel, então é para lá que ele vai. Na melhor das hipóteses você estará diante de uma longa caminhada de volta para casa – isto é, se não tiver quebrado uma perna. Mas um cavalo que é seu parceiro não vai abandoná-lo. De início, ele pode ficar assustado ou disparar, principalmente se estiver com medo, mas na situação ideal você é a segurança dele, por isso ele permanecerá com você.

Quando eu era jovem, trabalhei como cargueiro. Eu acompanhava pessoas nas montanhas com uma fiada de cavalos de carga carregando os equipamentos delas e depois levava os cavalos de volta para casa enquanto elas acampavam e caçavam durante cerca de uma semana, antes de buscá-las. Numa ocasião, meus clientes eram três veterinários. Enquanto eu me preparava para deixá-los com seus três cavalos de montaria, dei um conselho fundamental:

– Não larguem seus três cavalos ao mesmo tempo.

Eu sabia que, se ninguém estivesse segurando suas cordas, aqueles cavalos trilheiros, velhos e espertos não sentiriam obrigação de ficar parados.

Desci a montanha com meus cavalos de carga. Assim que cheguei em casa recebi um telefonema de um fazendeiro que sabia que eu trabalhava naquela área.

– Encontrei três cavalos soltos aqui no começo da trilha – disse ele. – Por acaso são seus?

Aqueles cavalos tinham viajado pelo menos 15 quilômetros em terreno íngreme e rochoso, arrastando as rédeas. Assim que fui embora, os sujeitos largaram os três cavalos, e, como só obedeciam quando eram forçados, os animais aproveitaram imediatamente a liberdade e os deixaram na mão. Precisei levar os cavalos de volta até o acampamento dos veterinários no dia seguinte.

Pode parecer um risco dar autonomia demais aos cavalos ou às pessoas. Mas há uma recompensa inestimável: a lealdade. Lealdade é muito mais do que obediência ou obrigação. É a escolha de permanecer com um líder ou um parceiro, mesmo em tempos difíceis ou diante do perigo. No Oeste há um ditado: "Você cavalga pela marca." Significa que você é leal à sua fazenda, custe o que custar. Você vai aparecer e fazer sua parte.

Quando penso em lealdade, logo penso em Freckles. Nos mais de 20 anos em que trabalhamos juntos, ele aprendeu que eu respeito suas escolhas, sua inteligência e seus instintos. Confio minha vida a ele e acredito que ele confia em mim do mesmo modo. Ele sabe que somos parceiros, por isso posso tirar seu cabresto sem qualquer receio na frente de uma plateia de centenas de pessoas. E ele não é apenas obediente ou comportado – é profundamente leal. No decorrer dos anos, ele se tornou um dos meus melhores amigos.

CAPÍTULO SEIS

Lento em tomar e rápido em dar

~

*Jamais desencoraje alguém que faz
progresso continuamente, não importando
se isso acontece muito devagar.*

— Platão

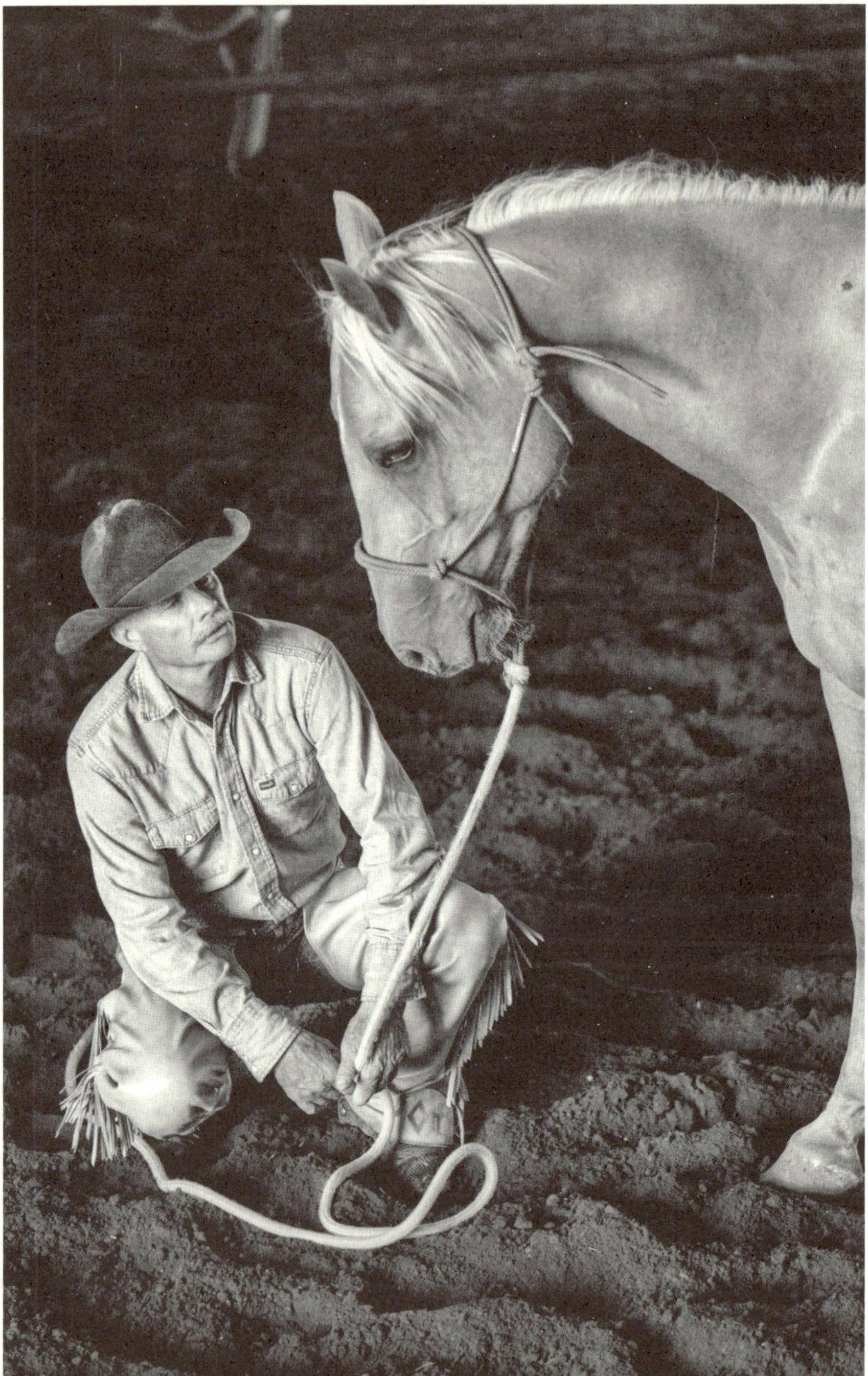

– Não sou do tipo emotivo.

Dave Makowicz provavelmente se descreveria assim quando o conheci. E o veterano da Marinha transformado em executivo de finanças, medindo 1,92 metro e pesando 100 quilos, sem dúvida combina com essa descrição. Mas emotivo foi exatamente como Dave se sentiu no dia em que visitou a fazenda.

– Essa é uma das coisas mais importantes que já vi na vida – disse ele, fungando e enxugando lágrimas, enquanto observava um potro de 3 anos, riscado de suor e cheio de terra, que estava imóvel no meio do redondel, calmo mas ainda respirando com intensidade.

Makowicz era gerente de operações da empresa de investimentos CBRE Clarion Securities, que tinha levado seus executivos à Diamond Cross para aprender habilidades de liderança. Duas horas antes, ele e seus colegas tinham observado com atenção enquanto eu soltava o potro sem treinamento no redondel. O potro levantou a cabeça e virou uma orelha na minha direção, os olhos arregalados, voltados fixamente para os meus. Não estava exatamente com medo, mas não confiava em mim. Não era um cavalo selvagem ou traumatizado, e sim mimado e rebelde. Parecia que tentava adivinhar o que eu queria, não porque desejava me agradar, mas porque pretendia me manipular para se dar bem. Sua atitude me fez pensar em um adolescente carrancudo. Ele não estava realmente cooperando. Permaneceu o mais longe possível, me espiando do outro lado do redondel.

Depois de trabalhar com o potro por cerca de uma hora, eu tinha feito progresso. Ele estava me seguindo, e eu decidi que o animal estava pronto para sua primeira sela. Joguei uma manta nas suas costas, colocando-a e tirando-a, até que ele se acostumasse com a sensação de ter alguma coisa ali em cima. Depois, com cuidado, passei a sela pesada por cima dele e deixei que ela se acomodasse gentilmente nas suas costas. As orelhas do potro se viraram para trás, mas ele não se mexeu. Até aí, tudo bem. Puxei a cilha por baixo da sua barriga e a apertei, para manter a sela no lugar.

Olhando para a plateia, vi o ceticismo no rosto das pessoas. Algumas pareciam entediadas. Não acreditavam que a coisa podia ser tão fácil e tinham esperado mais emoção. Mais tarde o CEO me contou que nesse momento teve certeza de que a situação era armada e que o potro já tinha sido montado ou estava drogado. Afinal de contas, quem pode domar um cavalo para montá-lo em apenas uma hora?

Mas, se alguém estava fingindo, não era eu. Era o potro. Eu podia ver que sua cooperação era apenas superficial. Apertei a cilha um pouquinho mais, depois balancei minha bandeira para instigá-lo a se afastar. O mundo desabou. Assim que começou a se afastar e sentiu a cilha na barriga, ele explodiu numa fúria de pinotes e bufos. Seus olhos estavam cristalinos de raiva, como uma criança tendo um chilique. Ele se chocou contra os painéis da cerca, fazendo o pessoal da Clarion se encolher nas cadeiras, substituindo o ceticismo pelo medo. Uns dois chegaram a pular e ir para a fila de trás, provavelmente pensando: "Ele vai mesmo tentar montar esse cavalo?"

Deixei o potro levar o chilique até o final. Não precisava castigá-lo nem me deixaria ser atraído para seu drama e perder a cabeça. Se eu fizesse isso, ele captaria minhas emoções, o que só pioraria a situação. Meu trabalho era permanecer firme e lhe dar alguma coisa em que confiar.

– Não se preocupem – avisei a plateia –, o redondel é sólido! E ele vai superar isso logo. Quero que ele aprenda que ficar pulando dá muito trabalho. Enquanto ele continuar pulando, vou continuar afastando-o, balançando minha bandeira. Isso é uma forma de pressão. Logo ele vai descobrir que andar calmamente no redondel ou ficar parado aqui comigo seria muito mais fácil. E, quando ele fizer isso, vou recompensá-lo baixando a bandeira e tirando a pressão.

De fato, logo o potro se cansou de corcovear e se virou para mim, ofegante. Imediatamente baixei a bandeira. Quando ele chegou mais perto, acariciei seu pescoço suado e disse:

– Bom pra você. Pronto. Assim não está melhor?

Ele tinha dado um passo na direção certa, e eu garanti que ele soubesse quanto isso era positivo. Desse modo, ele passou a confiar mais em mim.

Enquanto o potro se apoiava na minha mão e baixava a cabeça, sinalizando submissão, eu disse aos executivos:

– Não preciso castigar esse mau comportamento. Ele mesmo já fez isso. O que importa é recompensá-lo por ter feito a escolha certa. Honrar a mínima tentativa e a menor mudança.

Também costumo dizer isso de outra maneira: ser lento em tomar e rápido em dar. Com muita frequência fazemos o oposto. Rapidamente encerramos ou repreendemos o que nos desagrada e esperamos demais para recompensar uma mudança positiva. Achamos que ela precisa ser maior. Esperamos um milagre. Não percebemos todos os importantíssimos pequenos sinais de mudança porque eles não se destacaram o suficiente para atrair nossa atenção. É assim que você perde a confiança. Se um cavalo ou uma pessoa está tentando, mas sente que seu esforço não é reconhecido, geralmente se retrai ou desiste. Quando eu era pequeno tive um treinador de futebol que ficava impaciente quando eu não entendia o jogo. Ele não percebia que eu estava me esforçando ao máximo e que morria de medo de fracassar na frente dos outros garotos. Eu não era bom em captar instruções verbais. Agora sei que sou melhor em aprender visualmente; na época eu só me achava burro. Ainda posso sentir – como se tivesse sido ontem – o cheiro da grama pisada e dos garotos suados, o sentimento crescente de pânico apertando minha garganta até que eu comecei a hiperventilar, o que só piorava a situação. A frustração daquele treinador minou minha confiança por anos. E, quando eu me sentia pressionado, o padrão era hiperventilar. Eu era um garoto sensível que queria aprender, mas precisava de uma abordagem diferente.

Quando sentimos que a mudança é reconhecida, mesmo pequena, ficamos seguros para dar mais um passo. Uma palavra de encorajamento, um elogio, um agradecimento, todas essas coisas comunicam: "Vejo que você está tentando e honro isso." Quando as pessoas ou os cavalos se sentem vistos e honrados, eles se abrem e se esforçam mais.

Os cavalos são muito sensíveis. Precisam ser preparados para cada coisa que pedimos a eles, e não ser espantados repentinamente. Você já deve ter assistido àqueles antigos faroestes em que os cauhóis saem do *saloon*, correm até os cavalos, pulam na sela, puxam as rédeas, batem com os calcanhares nas costelas deles e partem a galope para perseguir os fora da lei, deixando apenas uma nuvem de poeira. Isso é o oposto de uma boa equitação. Ser tratado assim é ofensivo para o cavalo. Em vez disso nós nos aproximamos dele devagar, montamos com gentileza e deixamos que ele saiba que é hora de pensar em mover os pés. *Lentos em tomar e rápidos em dar.*

Num relacionamento de confiança não jogamos coisas uns nos outros. Talvez precisemos ter uma conversa difícil, mas primeiro tiramos um momento para descobrir "Será que é uma boa hora? Será que mais tarde não seria melhor?" Alertamos uns aos outros quando precisamos que algo seja feito ou mudado.

Quando alguém quebra nossa confiança, é difícil superar. Tendemos a não esquecer essas coisas, mesmo se quisermos, mesmo se soubermos que deveríamos. Ser lento em tomar e rápido em dar é uma atitude que protege a confiança que estabelecemos e a faz aumentar com o tempo.

Honre a mínima tentativa e a menor mudança

O potro me acompanhou enquanto eu andava até o bloco de montaria. Subi no bloco e me inclinei por cima da sela para que ele pudesse me sentir ali, o tempo todo falando com ele numa voz calma, tranquilizante. Achei que ele já confiava em mim o suficiente para me permitir montar. Claro, com um animal selvagem ou sem treino, nunca podemos ter certeza. Mas há um ponto em que você simplesmente precisa montar e esperar o melhor. Encarar o medo, abrir mão do controle e confiar que as coisas darão certo.

Primeiro coloquei um pé no estribo, subi nele e me equilibrei de um lado da sela. Ainda não havia passado a perna por cima, mas o potro estava segurando todo o meu peso. Inclinei-me para a frente, me certificando de que ele podia me ver ali em cima com os dois olhos para que não fosse uma surpresa quando minha perna aparecesse. Ele ficou parado, as orelhas viradas para mim. Elogiei-o de novo, descendo e fazendo um carinho antes de repetir o exercício. Dessa vez passei com cuidado a perna por cima e pus o peso lentamente nas suas costas. O grupo da Clarion prendeu o fôlego, esperando o rodeio começar.

Senti o potro ficar tenso embaixo de mim. Será que iria corcovear? Achei que não. Quando um cavalo vai corcovear, você sente todos os músculos das costas dele se retesando. O rabo se enfia entre as pernas e as orelhas empinam para a frente logo antes de a cabeça desaparecer entre os joelhos e você acabar caído de costas olhando para ele, ofegando para recuperar o fôlego e imaginando o que aconteceu. Esse potro estava nervoso, mas parecia estar começando a confiar em mim. O peso nas suas costas era desconhecido, mas minha voz e a sensação da minha mão no pescoço o tranquilizavam. Ele deu um passo leve, depois outro, e então disparou. Os executivos ofegaram.

Não puxei as rédeas nem fiquei tenso. Isso sinalizaria medo para o cavalo e prejudicaria a comunicação que estávamos estabelecendo. Eu precisava confiar nele, para que ele continuasse a confiar em mim. Isso pode ser muito difícil de fazer – especialmente se você já foi derrubado ou fracassou, coisa que já aconteceu com a maioria dos cavaleiros. Você precisa lutar contra o próprio medo para permanecer relaxado e confiar em si mesmo. Quanto mais ferimentos, mais difícil é voltar a montar um cavalo chucro.

Isso é verdade em muitas áreas da vida. Você precisa *dar* confiança para *ganhar* confiança. Se não confiamos num cavalo ou numa pessoa, como podemos esperar que confiem em nós? O cavalo sente quando você não confia nele, quando você está se segurando com força por medo de ele corcovear ou disparar. Os caubóis antigos podiam ter puxado as rédeas e trincado os dentes, mas eu tentei permanecer calmo e relaxado, estendendo a mão para coçar o pescoço do potro. Não tinha posto um freio em sua boca, só um cabresto de corda para guiá-lo. Meu trabalho era mostrar a ele que isso era seguro.

– Calma, filho. Você está bem. Tudo vai ficar bem. Você consegue.

Para ser honesto, eu também estava falando comigo mesmo. Mas ele captou a mensagem, assim como eu. Senti seus ombros e seu pescoço relaxando enquanto ele me carregava pelo redondel.

– Isso, bom garoto. Esses passos são bons.

Elogiei-o de novo, depois apeei e tirei a sela. Ele tinha feito mais do que o suficiente em um dia.

Se você honrar as coisas pequenas, as grandes vão cuidar de si mesmas. Mas nem sempre é fácil reconhecer as menores tentativas. Se você tiver o sentir, deve se sintonizar com o cavalo a ponto de perceber quando ele estiver ao menos pensando em fazer a coisa certa. Esse é o momento de liberar a pressão e honrar a tentativa. Frequentemente, nosso instinto nesses momentos é o de fazer o oposto: aumentar a pressão e pedir demais. Uma tentativa pode ser quase imperceptível. Se você está trabalhando com um potro selvagem pela primeira vez, ele pode estar muito apavorado para olhar para você. Talvez ele corra pelo redondel com a cabeça virada para o outro lado. Para ele, virar-se e olhar para você é uma tentativa que precisa ser honrada. Um olhar pode ser a mudança de que você precisa. Você desenvolve confiança com um cavalo deixando-o perceber que você o vê tentando. E você o faz perceber isso liberando a pressão. Isso significa que já é o bastante para aquele dia.

Com os cavalos, assim como com as pessoas, jamais perca a oportunidade de terminar o dia num clima bom. É importante realizar o máximo possível, mas é melhor fazer pouco do que demais. Como os médicos, os bons cavaleiros acreditam profundamente na mensagem: em primeiro lugar, não faça o mal. É comum os treinadores cometerem o erro de forçar os cavalos e acabarem terminando o dia com conflito ou drama. Isso cria ressentimento entre ambos os envolvidos e resulta em resistência a mais treinamentos por parte do cavalo.

Lento em tomar e rápido em dar. Honrar a mínima tentativa e a menor mudança. Essas frases tocaram muitos executivos que compareceram às minhas demonstrações – em particular CEOs, gerentes e líderes de equipes. Frequentemente eles me dizem que veem seu próprio estilo de liderança enquanto me assistem com o cavalo.

"Percebi que sou impaciente demais com minha equipe. Às vezes não percebo que eles estão se esforçando ao máximo."

"Acho que enfatizo demais o lado negativo. Sou rápido demais em criticar e não recompenso a mudança positiva com rapidez suficiente. Não honro a mínima tentativa."

"Quero que as pessoas confiem em mim, mas agora vejo que eu não confio nelas. Faço microgerenciamento e as pessoas captam a mensagem de que não as considero capazes de fazer as coisas sozinhas."

Quando Dave Makowicz assistiu à minha demonstração, ele não estava pensando em seus empregados ou em seu papel de líder. Ele podia facilmente se relacionar com os princípios que eu compartilhava para melhorar o relacionamento com sua equipe, seus fornecedores ou clientes. Na verdade, ele não conseguia parar de pensar no filho, Nate, e em si mesmo como pai. Nate é autista e costuma fazer birra quando sente medo ou frustração. Dave tende a ser controlador demais e fica agitado quando reage a esse comportamento do filho. Enquanto observava a transformação do potro rebelde, ele imaginou como seria seu relacionamento com o filho se aplicasse esses princípios. Primeiro confiar. Elogiar o que era bom e não ser atraído para o lado negativo quando as coisas ficassem ruins. Permanecer calmo, confiante e consistente.

Esperei que o pessoal se dispersasse antes de me aproximar dele, sentindo que a força das suas emoções o surpreendia e o deixava constrangido. A princípio ele teve dificuldade para verbalizar os pensamentos.

– Às vezes sou um pai controlador com meu filho. Talvez eu precise soltar as rédeas e recuar um pouco. Deixar que ele seja o que precisa ser... e estar presente para amá-lo quando ele tiver terminado. – Havia um brilho nos seus olhos, como se ele já estivesse vislumbrando um relacionamento diferente com Nate. – Estou vendo que existe um modo melhor.

O cavalo ainda estava parado no meio do redondel, parecendo um empregado que havia acabado de terminar o primeiro dia num trabalho difícil. Parecia acima de tudo aliviado e talvez um pouco surpreso por ter sobrevivido. Na verdade, ele tinha feito mais do que isso; tinha trabalhado para ultrapassar o medo e a inexperiência e agora estava confiante de que as coisas ficariam bem. Fui até ele, fiz um carinho e tirei o cabresto de corda. Quando me virei e fui em direção à porteira, ele me olhou por um momento – e em seguida veio atrás.

Se eles não confiam em mim, não posso ajudá-los

Usar o tempo para desenvolver a confiança é essencial para todas as outras coisas que faço com um cavalo. Geralmente quando eles me procuram é porque precisam de ajuda. Talvez tenham sofrido negligência ou mesmo abusos. Podem precisar de tratamento médico. Podem ter cascos longos, que causem dor ao andar e precisem ser aparados. Imagine se as unhas dos seus pés ficassem sem cuidados durante anos, enrolando-se por baixo dos dedos. Agora imagine que seu pé inteiro é uma unha. Os cascos dos cavalos são assim. A não ser que o cavalo corra em terreno áspero, os cascos precisam ser aparados para impedir a tensão nos tendões e ligamentos. Mas aparar os cascos de um cavalo exige muita confiança. Ele precisa estar disposto a ficar apoiado sobre três patas e abrir mão da capacidade de fugir ou dar coices. Ele fica indefeso. Um cavalo que não confia em você não fará isso de boa vontade, e se você o forçar, só vai traumatizá-lo ainda mais. Preciso que ele confie em mim para poder ajudá-lo.

Nem todas as boas intenções do mundo irão nos levar muito longe se não tivermos paciência para desenvolver confiança. Às vezes líderes bem-intencionados vão tentar ajudar as pessoas que trabalham para eles, liderar de um modo que empodere os outros. Mas ser um verdadeiro "líder servidor" exige algum trabalho de base. Você precisa começar com a premissa de que as pessoas não vão confiar em você só porque você quer. A confiança precisa ser merecida – tanto com os cavalos quanto com os seres humanos.

Um dos melhores empregados e de maior confiança que já tive na fazenda foi um homem chamado Neal. Isso foi no meu tempo de jogador de polo, quando eu morava na Califórnia. Quando conheci Neal, ele não tinha para onde ir e vivia no deserto. Eu o via frequentemente catando latinhas de alumínio na estrada e colocando num saco de aniagem, para ganhar alguns centavos na usina de reciclagem. Parecia ter tido uma vida difícil – com os cabelos desgrenhados, corpo encurvado, barba comprida e descuidada e roupas maltrapilhas. Gotas de suor brotavam na testa queimada de sol. Os dedos dos pés se projetavam para fora dos sapatos velhos. Senti pena dele e um dia parei a picape e abri a janela.

– Parece que você está com uma carga pesada aí. Quer uma carona até a usina de reciclagem?

A princípio ele ficou parado, olhando para o chão, evitando fazer contato visual.

– Vou passar por lá – falei. – Posso dar uma carona.

Ele ficou parado mais um momento, depois assentiu.

– Qual é o seu nome? – perguntei.

O sujeito não respondeu. Pôs o saco de latas na carroceria da picape e subiu atrás. *Será que ele fala?*, pensei. Mas não pressionei. Ele ficou o tempo todo apertando o saco contra o peito, como se alguém fosse tentar roubá-lo.

De vez em quando eu lhe dava carona, mas quase nunca conseguia arrancar uma palavra dele. De novo perguntei:

– Qual é o seu nome?

Ele respondeu sem levantar a cabeça:

– Neal.

Ele também me contou que era do Arkansas, mas não disse mais nada.

Um dia levei um par de sapatos novos e meias, mas não o encontrei na área em volta do acampamento improvisado, que cheirava a cerveja rançosa e lixo. Então um ligeiro movimento atraiu meu olhar, e eu percebi que Neal estava escondido atrás de uma árvore. Não sei por que ele estava tão desconfiado, mas eu queria lhe dar espaço, por isso fingi que não o vi e deixei os sapatos perto da barraca.

Alguns dias depois, encontrei Neal novamente. Ele estava usando os sapatos novos. O deserto já havia feito suas meias brancas ficarem marrons.

– Você gostaria de ir à nossa casa e trabalhar por um dia? – perguntei. – Pago 20 dólares para você arrancar um pouco de mato.

– Está bem – murmurou ele, e subiu na carroceria da picape.

Neal trabalhou o dia inteiro no calor escaldante, sem parar. Fez muito mais do que eu tinha esperado. Naquela tarde eu o levei ao seu acampamento e lhe entreguei uma nota de 20 dólares.

– Você fez um bom trabalho hoje, Neal. Gostaria de trabalhar de novo amanhã? Preciso que alguém limpe os redondéis.

Ele assentiu.

– Passo aqui às sete horas. – Neal não tinha relógio. – Buzino quando chegar.

Neal começou a trabalhar regularmente na fazenda. Como nossa filha, Tara, tinha somente 3 anos, minha ex-mulher Locke insistiu que tivéssemos cautela:

– Até sabermos se ele é de confiança.

Neal se mostrou um trabalhador muito confiável no estábulo, alimentando os cavalos e limpando as baias e os arreios. Logo aprendeu o nome de todos os animais. Às vezes, eu o pegava fazendo carinho neles e conversando com os bichos. Não demorou muito até oferecermos a Neal um lugar seguro para acampar na fazenda e ele passar a trabalhar para nós em tempo integral. A única regra que estabelecemos foi: nada de bebida na propriedade.

– Espero que você entenda – falei. – Se quiser beber, tenha certeza de que vai estar sóbrio quando voltar, certo?

A cada duas semanas Neal pegava seu pagamento e desaparecia durante alguns dias, mas, à medida que o tempo foi passando, ele passou a sumir com menos frequência. Quando voltava, ia direto passar algumas horas com os cavalos.

Sempre tive a sensação de que ele estava trabalhando em seus problemas, e o melhor que eu podia fazer era confiar nele, assim como ele aprendia a confiar em mim. Lento em tomar e rápido em dar. Também notei como os cavalos gostavam dele e se juntavam ao seu redor sempre que o funcionário entrava no redondel. Os cavalos são avaliadores de caráter muito bons. As crianças também, e Tara sempre se iluminava quando via Neal. Mesmo com seu pouco dinheiro, ele costumava comprar presentes para ela, como bichinhos de pelúcia.

Depois de muitos meses, Neal começou a ter conversas curtas, mas nunca falava do passado. Nós não o pressionávamos. Em pouco tempo, compramos um trailer para substituir sua barraca.

Nos domingos, Neal começou a ir à igreja conosco. Ele era muito tímido perto de estranhos; não falava nem fazia contato visual. As pessoas da nossa congregação sempre o recebiam com carinho e tentavam fazer com que ele se sentisse bem-vindo.

Num domingo em janeiro, quase um ano e meio depois de Neal começar a trabalhar conosco, alguém da igreja lhe deu uma sacola de roupas. Na semana seguinte, Neal apareceu na igreja usando um paletó marrom e uma calça social. Tinha cortado o cabelo e raspado a barba. Locke e eu tentamos não encarar, mas a mudança na aparência nos deixou perplexos. Somente Tara não notou a diferença. Ela sempre soube quem era o verdadeiro Neal.

Neal acabou sendo um funcionário exemplar. E o mais importante, tornou-se uma pessoa da família. Com o tempo passamos a confiar tanto nele que, quando fomos para Kansas City trabalhar no verão, deixamos a fazenda e vários cavalos sob os cuidados dele, inclusive Honey, uma valiosa puro-sangue com uma fíbula quebrada. O veterinário não podia ajudá-la, por isso recomendou que a sacrificássemos. Mas Neal não queria desistir dela, nem nós, por isso a deixamos confinada numa baia pequena, esperando que o repouso absoluto e os cuidados constantes dessem à sua pata uma chance de se curar. Quando voltamos para casa, Neal estava parado junto à porteira, sorrindo.

– Honey está pronta para voltar a trabalhar – anunciou.

Ela havia se curado completamente sob os cuidados dele. Talvez também o tenha ajudado a se curar.

Cerca de um mês depois de voltarmos de Kansas City, Neal se aproximou de Locke e de mim e disse:

– Faz 25 anos que não vejo minha família. Está na hora.

Era uma notícia triste. Íamos perder um amigo e o melhor cavalariço que já tivemos, mas estávamos felizes porque ele finalmente voltaria para casa. Fazia quase dois anos que Neal estava sóbrio. Sua família receberia um novo homem.

Com lágrimas nos olhos, Tara e Locke abraçaram Neal e disseram que o amavam.

Eu o levei à rodoviária, bem antes da hora, e ficamos sentados esperando seu ônibus. No terminal, Neal se virou para mim e finalmente se abriu sobre seu passado. Em todos aqueles anos eu tinha sentido que ele queria me contar a sua história, mas nunca o pressionei. Acho que foi por isso que ele aprendeu a confiar. Contou como tinha virado alcoólico, que sentia tanta vergonha de si mesmo que viajou escondido em trens de carga até a Califórnia e viveu em situação de rua durante todo aquele tempo.

Por fim seu ônibus chegou e eu o abracei. Minha voz ficou embargada.

– Nós gostamos demais de você, Neal. Vamos sentir sua falta.

Neal me olhou nos olhos e disse:

– Eu gosto muito de vocês também. Cuide da minha menininha.

Ele se afastou, usando seu melhor terno, o cabelo bem penteado, a postura ereta. Antes de entrar no ônibus para o Arkansas, virou-se e acenou. Depois desapareceu. Nunca mais tivemos notícias dele e não sei como sua história terminou, mas jamais o esqueci, nem o que ele me ensinou. Neal foi uma das primeiras pessoas com quem apliquei a filosofia que estava aprendendo com os cavalos. Ajudá-lo a aprender e a amar de novo me ajudou a desenvolver o trabalho da minha vida.

Claro, confiar no outro não garante que o outro confiará em você, e nem todo mundo é digno de confiança. Portanto não estou sugerindo que deveríamos estender nossa confiança a todos que cruzam nosso caminho. Precisei aprender essa lição do modo mais difícil. Alguns meses depois da partida de Neal, inspirado por sua transformação, contratei outro sujeito que parecia sem sorte – um homem que vivia em situação de rua chamado Carl, que conheci do lado de fora do supermercado. Ele acabou roubando algumas das nossas selas. *Acho que não podemos ajudar todo mundo*, pensei. Mas às vezes, como Neal, as pessoas nos surpreendem.

O que aprendi com Neal, e com tantos cavalos com que trabalhei, é que a confiança não é apenas um sentimento. Também é uma ação, e é um processo que acontece com o tempo. Gosto de usar cinco palavras para me lembrar do processo de desenvolvimento da confiança – especialmente com um cavalo selvagem ou traumatizado que esteja começando a se livrar do medo. São as seguintes:

Medo. É por onde começamos. E você não pode forçar um animal ou uma pessoa com medo a confiar em você. Precisa deixar que ele trabalhe a confiança. Seja paciente e dê espaço e liberdade para que ele encare o próprio medo.

Resistência. Como o cavalo está aterrorizado, vai resistir à sua ajuda. Não vai querer cooperar, mesmo sendo para o próprio bem. Você ainda não provou que está do lado dele, por isso ele o enxerga como um possível predador. Não castigue a resistência: se castigar, só irá reforçá-la.

Compreensão. O cavalo precisa compreender que você é um bom líder, que é justo e que não irá machucá-lo. Ele é inteligente, por isso vai saber quando suas mensagens são coerentes. Se você recompensa o que é bom – se honra a mais leve mudança e a menor tentativa –, ele descobrirá o que você está procurando e começará a trabalhar com você.

Submissão. Isso não é um palavrão. Só significa que alguém precisa ser o líder e o outro precisa se submeter a essa liderança. Na relação com o cavalo, você precisa liderar a dança. Ser submisso significa que o cavalo decide dançar com você. Você pode ver os sinais de submissão na linguagem corporal dele. Ele vai baixar a cabeça e o pescoço e algumas vezes lamber os beiços. Esse é um momento de avanço.

Confiança. É o resultado do processo pelo qual você passou. Um relacionamento de confiança pode durar para sempre. A confiança permite que você ajude o cavalo e lhe ensine a ser um parceiro confiável para outros seres humanos, e essa é a chave para ter uma vida feliz e segura – uma vida que é o oposto do tipo de experiência que ele pode ter tido antes de encontrar você.

Confiança requer tempo

Quando um cavalo ou uma pessoa sofreu trauma ou abusos, é perfeitamente compreensível que ele ou ela perca a confiança – não somente na pessoa ou na situação que os feriu; eles não confiam em ninguém, e ponto final. Já vi isso acontecer, especialmente com veteranos que sofrem de estresse pós-traumático. Às vezes eles param de acreditar que a vida vale a pena.

Uma vez me pediram para fazer uma demonstração para um grupo de veteranos da Guerra do Iraque. Eram uns oito, e eles ficaram olhando com curiosidade enquanto eu soltava um cavalo selvagem no redondel. Comecei minha demonstração, mas alguma coisa não parecia certa. Aqueles homens ali em volta eram meus heróis. Tinham se disposto a pagar o preço definitivo. Não sentiam medo de um cavalo selvagem; tinham enfrentado a morte. Quem era eu para falar com eles do outro lado de uma cerca?

A resposta me veio de repente:

– Preciso trazer esses caras aqui para dentro.

Assim, abri a porteira e pedi que todos entrassem no redondel. Enquanto cada homem entrava, apertei sua mão e me apresentei. O último a passar era um grandalhão. Ele apertou minha mão, mas teve dificuldade para me olhar nos olhos. Disse baixinho que seu nome era Richard. Pedi que os homens se espalhassem no perímetro do redondel.

– Fiquem parados e não façam nenhum movimento brusco – pedi.

A pequena égua, com os olhos arregalados de pânico, tentou passar entre eles. Eu sabia que ela estava com tanto medo que não tentaria escoicear nenhum deles, desde que lhe déssemos uma rota de fuga e não a fizéssemos se sentir claustrofóbica. Balancei minha bandeira e comecei a guiá-la. Eu era a fonte de pressão, o policial mau, por isso ela procurou alguém ou alguma coisa em busca de segurança. Aos poucos, foi se sentindo confortável porque nenhum dos homens parados ali dentro iria lhe fazer mal. Ela parava diante deles e dava uma boa olhada. Depois, começou a confiar o suficiente para estender o focinho e cheirar um e depois outro.

– Não tentem tocar nela – avisei. – Deixe que ela toque em vocês primeiro. Estender a mão depressa demais vai amedrontá-la.

Logo ela começou a esticar o pescoço, a farejar e depois a tocar. Ver aquele animal selvagem confiando neles foi uma experiência poderosa para aqueles homens feridos. Eu podia vê-los baixando a guarda, se permitindo um momento de vulnerabilidade. No decorrer de uma hora, consegui finalmente fazer a potra se conectar com cada um, individualmente. Menos Richard.

Ela se recusava a chegar perto dele. Sempre que eu a guiava em sua direção, ela bufava com violência e girava, indo para outro homem. Ele não estava fazendo nada, só ficava parado, mas ela se sentia aterrorizada perto dele, de um modo que não acontecia com os outros. Por fim, o grandalhão ficou com raiva e saiu do redondel pisando firme, murmurando baixinho.

Liberei a égua, mas a situação me deixou incomodado. Eu não queria deixar Richard lá fora, assim como não gosto de desistir de um cavalo difícil. Pedi a outro veterano que me falasse sobre o grandalhão. Quando ouvi sua história, soube que precisava tentar fazê-lo voltar para o redondel. Richard tinha tentado se matar, mas não conseguiu. Deu um tiro na própria cabeça e, de algum modo, sobreviveu. Por isso estava furioso com o mundo e com raiva porque não tinha conseguido acabar com a própria vida. Agora eu entendia sua reação. Ele já se sentia um fracassado, e ver a égua se recusando a confiar nele era apenas mais um sinal de rejeição, prova de que ele não tinha valor.

Procurei Richard no estacionamento e o convenci a voltar para o redondel. Pedi que ele confiasse em mim. Ainda que fosse uma situação difícil, ele concordou.

Fiquei no redondel com o grandalhão e a potra selvagem. A vida tinha sido difícil para os dois, mas eu esperava que eles pudessem se ajudar a encontrar um caminho melhor. Comecei incentivando-a, mas ela permaneceu o mais distante possível de Richard.

– Se ela ao menos olhar para você – falei –, quero que você se afaste. Seja rápido em ceder. Libere a pressão.

Depois de alguns minutos ela se dispôs a virar a cabeça na direção dele.

– Isso é bom – falei, encorajando-o. – Recue de novo.

Logo, a passos hesitantes, ela o estava seguindo enquanto ele recuava devagar pelo redondel.

– Agora quero que você se abaixe. Fique agachado. Deixe que ela saiba que você acredita que ela não vai machucar você.

Ele me olhou como se eu estivesse louco. Por que ele iria se abaixar na frente de uma égua selvagem que não confiava nele? Mas fez o que eu pedi, agachando-se, de modo que seu corpo musculoso parecesse menor e menos intimidador. A potra se aproximou, a curiosidade começando a sobrepor a cautela. Ela estendeu o focinho e o farejou, respirando no rosto dele.

– Respire de volta no focinho dela – instruí. – É assim que os cavalos se apresentam. Se ela compartilhar o seu ar, significa que está disposta a confiar em você.

Vi uma mudança na postura do grandalhão enquanto ele levantava a mão suavemente para acariciar o pescoço da potra. Gentilmente, devagar, sem movimentos bruscos, ele se conectou com ela. Precisei enxugar uma lágrima enquanto a observava ali, com o focinho encostado na grande barba preta dele. Os dois pareciam aliviados. Estavam aprendendo a confiar. Talvez demorasse muito tempo para decidirem que o mundo é um lugar seguro, mas, enquanto cada um respirava o ar do outro, pelo menos sentiram o gosto da possibilidade.

CAPÍTULO SETE

Não se trata de hoje, mas sim do resto da vida dela

*Nada de valioso pode ser perdido
quando se age com cautela.*

— ABRAHAM LINCOLN
em seu primeiro discurso de posse

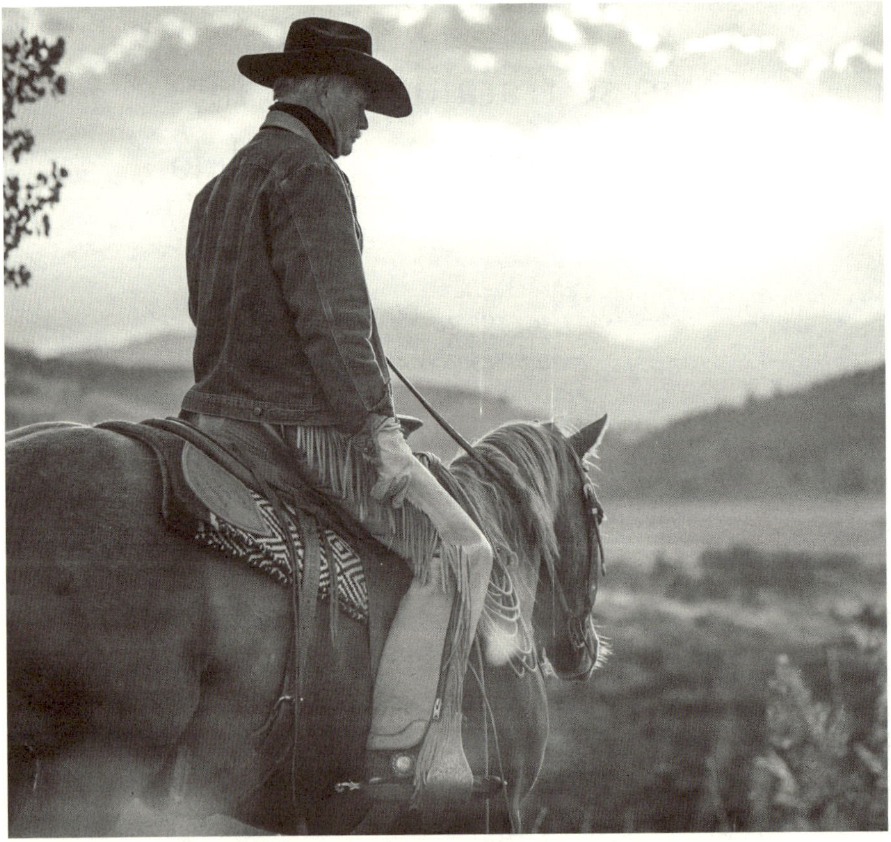

Era um dia frio de outono na fazenda, com uma nevasca uivando no vale. Os cavalos se amontoavam, de costas para o vento e de cabeça baixa. No início e no fim da nossa temporada, o clima é meio imprevisível, e naquele dia o tempo não estava nada favorável. Um grupo de consultores de investimento fazia uma visita de um dia, e o inverno tinha decidido começar mais cedo. Eles não tinham vindo só para uma demonstração; o programa incluía alguns exercícios práticos, como pegar cavalos. Então lá estávamos, no pasto atrás do celeiro, com um punhado de financistas com frio, infelizes, usando roupas inadequadas, preferindo estar em qualquer outro lugar, e um punhado de cavalos igualmente com frio e infelizes.

Mas um sujeito parecia disposto a permanecer lá fora o dia inteiro. Estava animado e falava sem parar, como se fosse uma tarde de verão. Apresentou-se como Steve Story e passou a me bombardear com perguntas sobre os cavalos, sobre o que eu estava fazendo e sobre como meus métodos de treinamento funcionavam. Empolgado para aprender, parecia não perceber o vento úmido e gelado soprando neve.

Quando o exercício terminou, eu estava tão pronto quanto os convidados para voltar ao calor do celeiro, para a demonstração, mas sabia que a coisa seria um tanto desafiadora. O cavalo que eu ia usar naquele dia era difícil. Tinha sido emprestado por um amigo que o comprou barato de um sujeito que criava cavalos para rodeios. Esse, de 2 anos, tinha sido criado para corcovear, mas não havia demonstrado talento natural para o esporte. Os cavalos que corcoveiam são testados cedo, sendo colocados num cubículo estreito, selados e flanqueados, às vezes com um boneco leve às costas, e depois são soltos no redondel. Se não corcoveiam bem, são vendidos. Foi o que aconteceu com aquele cavalo. Teve um começo difícil na vida. Talvez, se voltássemos ao básico, eu pudesse ajudá-lo a encontrar um caminho melhor.

Um alicerce forte dura a vida toda

Devemos construir o alicerce de um cavalo durante os dois primeiros anos de vida dele. Treinar um cavalo é como construir uma casa. Você coloca um tijolo por dia nesse alicerce. Às vezes, são tijolos pequenos que preenchem os vãos, outras vezes são grandes pedras angulares. Por isso é importante trabalhar todos os dias com um cavalo jovem, mantendo a consistência. Para o cavalo, essas pedras angulares são coisas como confiança, disciplina, respeito, limites e ética de trabalho. Quando o alicerce está sólido, no lugar, a casa é erguida com bastante rapidez. Mas se você deixar buracos, eles irão aparecer mais tarde e a coisa toda pode desabar.

Um grande cavaleiro me disse uma vez que o cavalo sempre voltará para o alicerce quando estiver sob pressão. Você verá do que ele é feito. Às vezes você pega um cavalo e consegue ver que alguém deixou buracos ali. Talvez ele seja tímido ou não queira que suas orelhas sejam tocadas ou pode escoicear quando você aperta a cilha. Todos esses são tijolos que deviam ter sido trabalhados no início do treinamento. É muito mais difícil consertá-los mais tarde. De fato, quando eu trabalho com cavalos mais velhos e que foram mal iniciados, não tento consertar seus problemas específicos. Apenas volto ao início e os trato como se nunca tivessem sido tocados. Tento colocá-los numa trilha totalmente nova, construída rumo à liberdade, e não à restrição; rumo à confiança, e não ao medo.

É preciso tempo e paciência para construir ou reconstruir um alicerce. Mas é bom lembrar: *Não se trata de hoje, mas sim do resto da vida dele.* Quando estou trabalhando com um cavalo no redondel, não faço isso para a plateia específica que está nos visitando naquele dia, e sim para o cavalo. Estou pensando muito adiante, construindo um alicerce para o futuro dele. Com frequência digo às pessoas que assistem: "Por mais que eu queira impressionar vocês com esta demonstração, é mais importante que eu impressione o *cavalo*. As lições que ele precisa aprender garantirão que ele seja um bom parceiro para os seres humanos em sua vida, a longo prazo."

Como Tink Elordi costumava dizer: "Não se trata apenas de fazer o serviço." É fácil demais nos concentrarmos em fazer o serviço naquele dia. Você se apressa, fica agressivo. Mas amedrontar o cavalo ou pressioná-lo demais tornará o serviço mais difícil no futuro. Você precisa priorizar o cavalo, e não o serviço. Isso parece óbvio, mas é fácil deixar o orgulho ou a impaciência atrapalhar a jornada. Ao tentar executar bem o serviço hoje, você pode estragar um cavalo pelo resto da vida.

Boa parte do que fazemos quando estamos trabalhando no redondel é preparar os cavalos para o mundo real. É por isso que dedicamos horas a esse propósito – se fizermos direito, isso será útil para nos manter seguros em todo tipo de situação. Ganhar a confiança para que ele me siga dentro do redondel não é apenas um momento gostoso: trata-se de estabelecer uma conexão para que ele não me deixe na mão se eu soltar sua corda em algum lugar no meio do nada. Ensiná-lo a tolerar uma corda em volta da pata e levantá-la sob comando não é um truque, é algo essencial para que eu possa aparar seus cascos e mantê-lo saudável e sem dor. Conseguir mantê-lo parado e calmo, com um pedaço de lona balançando nas costas, não tem a ver com a lona, e sim com a capa impermeável que terei que vestir quando estiver transportando gado e uma tempestade chegar. Um dos meus poemas de caubói prediletos, que costumo recitar nas demonstrações, fala sobre as consequências de não conseguir colocar no lugar essa pedra específica do alicerce:

> *Ao domar um cavalo chucro*
> *É melhor acostumá-lo com a capa de chuva*
> *Ou terá que fazer isso em algum momento*
> *E não será brincadeira.*[3]

O poema continua, pintando uma imagem vívida de como é tentar vestir uma capa impermeável enquanto monta um cavalo despreparado no meio de uma tempestade. Você pode imaginar como a coisa termina. O poema sempre provoca uma gargalhada na plateia, e com os consultores de investimentos que estavam na fazenda naquele dia frio de outono não foi diferente. Talvez passar pela neve tivesse tornado a necessidade de uma capa impermeável bastante clara para eles. Felizmente, a demonstração aconteceu no celeiro e estávamos seguros.

Tive uma sessão bastante produtiva com o cavalo jovem. Além de ser levado para o cubículo e forçado a corcovear, ele mal tinha sido manuseado. Passei algum tempo ganhando sua confiança e fazendo-o aceitar um cabresto, depois joguei uma manta pesada sobre suas costas e encerrei o dia – *sempre termine num clima bom*. Eu sabia que precisaria de muito tempo e muita paciência para construir um novo alicerce com aquele cavalo. Não havia sentido em pressioná-lo demais em apenas um dia. Eu esperava que seu dono continuasse fazendo um bom trabalho ou então que ele encontrasse um lar que fizesse isso. Acariciei o pescoço do cavalo e disse que ele tinha se saído bem, depois o deixei no redondel.

Os consultores financeiros foram para o bar e o bufê. Com exceção de um. Steve Story estava me esperando junto à porteira, com os olhos brilhando pelo que tinha acabado de testemunhar.

– Esse cavalo está à venda? – perguntou.

Surpreso, respondi que provavelmente estava.

– Mas não sei se você iria querer comprá-lo.

Steve me parecia alguém com muito mais entusiasmo do que experiência, com relação aos cavalos, e aquele potro não era adequado para um iniciante.

– Por que não me conta um pouco sobre o que você está procurando?

Nós nos sentamos e Steve me contou por que aquele dia o tinha afetado tanto.

– Minha companheira, Lori, passou por um período difícil. Tinha saído de um casamento muito ruim pouco antes de nos conhecermos, e agora teve um desentendimento com o pai. Ela adora cavalos. Acho que ter um e trabalhar com ele pode ajudá-la a melhorar.

Ele explicou que Lori tinha 10 irmãos. Seu pai era um fazendeiro que produzia leite e sempre tivera cavalos. Como a única garota da família interessada em montar, Lori adorava poder se conectar com o pai de alguma forma, e uma das suas atividades prediletas era acompanhá-lo quando ele transportava o gado de uma montanha à outra.

– Agora essa conexão não existe mais – disse ele.

Depois do divórcio de Lori, que o pai não aprovava por motivos religiosos, ele vendeu o cavalo que fora da filha sem ao menos a consultar. Ela ficou arrasada.

– Só achei que talvez fosse bom para Lori restabelecer essa conexão com um cavalo – concluiu Steve.

Fiquei tocado pelo amor e pela preocupação de Steve por Lori. Também estava convencido de que a última coisa de que ela precisava era um cavalo chucro de rodeio fracassado. A imagem de outro cavalo me veio à mente, me pegando de surpresa. Eu não planejava vendê-lo tão cedo, mas por algum motivo tive uma forte sensação de que ele poderia ser o cavalo certo para Lori. Jubal era um jovem capão castanho que tínhamos criado na fazenda. Sua mãe, Jewel, estava conosco havia anos. Jubal tinha uma personalidade doce e o melhor alicerce que um cavalo poderia pedir. Nós o manuseávamos desde o dia em que nasceu, desenvolvendo confiança, estabelecendo limites, ajudando-o a fazer boas escolhas e a ganhar autoconfiança. Ele jamais tivera uma experiência ruim ou fora tratado com qualquer coisa que não fosse gentileza. Se existia um cavalo capaz de ajudar uma mulher sofrida a se curar, era Jubal.

– Talvez eu tenha outro cavalo que sirva para você e Lori – comentei com Steve. – Se você estiver falando sério sobre isso, por que não me telefona daqui a alguns dias para conversarmos mais?

Eu não sabia se teria notícias dele de novo. Assim que saísse da fazenda e a empolgação do dia passasse, talvez ele pensasse melhor. Mas, para minha surpresa, Steve ligou em menos de duas semanas. Conversei com ele sobre Jubal, mandei uma foto e acertamos o preço. Steve traria Lori para conhecer o cavalo, e, se tudo corresse bem, eu treinaria Jubal para ela e ensinaria a trabalhar com o jovem animal.

Steve não contou nada a Lori sobre o plano. Queria surpreendê-la. Em vez disso, convidou-a, casualmente, para acompanhá-lo numa viagem de trabalho a Wyoming.

– Você acha que vamos ver alguns cavalos por lá? – perguntou ela.

– Acho que sim.

Nessa época, Jane e eu tínhamos ido para o Sul, passar os meses de inverno na nossa casa em Pavillion. Steve e Lori vieram de Utah. Minha primeira impressão sobre a amada de Steve, como ele sempre a chamava, foi de ser uma mulher extremamente tímida, com o cabelo escuro preso num rabo de cavalo. Ela me lembrava um cavalo amedrontado que teve um começo de vida difícil – o oposto do companheiro falante, confiante e cheio de energia.

Ela ainda não sabia por que os dois tinham vindo, mas foi atraída para os cavalos como um ímã.

– Posso entrar? – perguntou, baixinho.

Eu abri a porteira do redondel onde nossos capões estavam. Ela entrou, espiando ao redor com os olhos arregalados para os cerca de 20 cavalos que não pareciam se interessar por aquela estranha. Então um cavalo levantou a cabeça, saiu do meio da manada, foi até Lori e estendeu o pescoço para farejá-la. Eu me virei para Steve, pasmo.

– É esse – falei. – Esse é o Jubal.

– Ei, querida, o que você acha desse aí? – perguntou Steve a Lori.

Ela nos encarou com o rosto iluminado de deleite.

– É um cavalo bonito – respondeu, acariciando o pescoço de Jubal.

– Bom, é seu, se você gostar dele.

Lori e Jubal tiveram uma conexão imediata. Mais tarde ela me contou o que Jubal significava para ela.

– Para mim ele representou uma esperança. Algo pelo qual eu podia esperar e que era só meu. Eu não precisava depender de um homem para tê-lo. Quando eu era jovem, meu pai é quem cuidava dos cavalos. Nunca aprendi a treiná-los como você faz. Foi empoderador aprender a treinar Jubal e poder vê-lo fazer o que eu precisava que ele fizesse, sem forçar.

As cicatrizes emocionais do seu divórcio ainda eram muito recentes.

– Meu ex-marido simplesmente me destruiu – disse ela. – Depois de 24 anos eu estava acabada. Aceitei muita coisa e, quando decidi ir embora, tudo piorou. Deixá-lo foi uma das coisas mais difíceis que já fiz. – Seu ex-marido era uma figura poderosa na igreja, virou os ex-amigos contra ela e chegou a contratar um detetive particular para segui-la. – Fui embora com a roupa do corpo, praticamente, só para me livrar dele. Foi como recomeçar do zero.

Para piorar, ela não tinha formação, não tinha uma carreira, e tanto ela quanto os dois filhos eram sustentados pelo marido. No ensino médio, ela havia sido uma talentosa atleta de pista e ganhado uma bolsa para a universidade, mas um acidente de motocicleta acabou com seus planos. Lori perdeu as esperanças de cursar a faculdade, pois sabia que sua família não teria como pagar. Em seguida, vieram o casamento e os filhos.

Conheceu Steve não muito depois do divórcio. Ela estava trabalhando numa clínica de fisioterapia, no mesmo prédio em que ele trabalhava. Durante oito meses Steve observou a mulher quieta, de rabo de cavalo, passar por sua janela todos os dias e se perguntou qual seria a história por trás da tristeza no rosto dela. Pensava nela como a "deusa do rabo de cavalo". Até que um dia faltou luz no escritório, e ele teve a chance de falar com ela. No dia seguinte ele a convidou para jantar.

Steve me contou essa história nas primeiras visitas dos dois à fazenda. Ele observava atentamente da cerca enquanto eu trabalhava com Lori e Jubal, ensinando algumas lições básicas que desenvolviam a conexão entre cavalo e amazona. Jubal é um cavalo de natureza doce, mas era jovem e inexperiente, então ainda precisávamos trabalhar nas pedras angulares. *O respeito vem antes da amizade. Facilite a coisa certa e dificulte a errada. Honre a mínima tentativa e a menor mudança. Seja lenta em tomar e rápida em dar.*

Apesar da timidez, Lori não parecia ter medo ao trabalhar com Jubal.

– Eu me sinto em casa quando estou montada num cavalo – disse ela. – Mesmo num cavalo que não seja treinado. Nunca fico nervosa. Existe alguma coisa na conexão com um animal. É calmante.

Eu via como isso a deixava feliz. E como Steve ficava feliz ao ver que o impulso louco que ele havia tido aquele dia na neve tinha dado tão certo. Era tudo que ele havia esperado.

– Eu não tinha ideia de que num período tão curto aconteceria uma coisa capaz de mudar a vida dela para sempre. E esse cavalo acabaria sendo mais importante ainda para nós, de maneiras que eu nunca imaginaria – contou ele.

Cada segundo conta

Poucas semanas depois de conhecer Jubal, Lori e Steve viajaram para Wausau, Wisconsin, para passar o Dia de Ação de Graças com a família dele. Em 1º de dezembro ela não estava se sentindo muito bem – na verdade fazia semanas que ela estava assim. Steve ficou preocupado e disse a Lori que ela deveria comer alguma coisa, por isso lhe levou um pouco de sopa. Ele se lembra de ela ter dito que a sopa estava quente demais, por isso desceu de novo para pegar um cubo de gelo. Quando voltou, alguns minutos depois, ouviu Lori ofegar. Em seguida a cabeça dela tombou para a frente e seu corpo ficou frouxo nos braços dele. Ele procurou uma pulsação. Nada. O coração dela havia parado.

Frenético, Steve ligou para a emergência e a atendente o orientou a fazer compressões no peito. Lori continuou sem reação.

– Ela estava clinicamente morta – relata ele. – Literalmente a ouvi respirar pela última vez. – Em apenas alguns minutos ele escutou o som de sirenes, e dois paramédicos entraram correndo e começaram a ressuscitação cardiopulmonar. Incrivelmente eles conseguiram fazer o coração de Lori voltar a bater e a levaram ao hospital local. – Se tivessem demorado um pouco mais, não creio que ela estaria conosco hoje – diz Steve. – Mas eles chegaram em apenas três minutos.

Lori não se lembra de nada do incidente nem dos 11 dias seguintes que passou em coma induzido. Tinha sofrido uma parada cardíaca e algum dano cerebral, resultado do ataque cardíaco. Sua memória começou a retornar por volta do 14º dia, mas mesmo assim ela não tem certeza de que essas lembranças surgiram apenas por ter visto fotos e vídeos daqueles dias. Nos vídeos ela não parece ela mesma. Sua irmã achava que era por causa dos medicamentos, mas Lori diz que não, que era porque estava aprendendo a falar de novo.

Essa não foi a única coisa que ela precisou reaprender. Steve se lembra de vê-la no hospital dando passos hesitantes, cambaleando, como se nunca tivesse andado antes.

– A princípio ela tropeçava, mas o fisioterapeuta a estabilizou e ela conseguiu dar uma pequena volta ao redor do posto de enfermagem. E todo mundo aplaudia e encorajava. Eu me lembrei de você dizendo: *Honre a mínima tentativa e a menor mudança*. É o que precisamos fazer quando alguém está começando do zero. Imagine se essas palavras estivessem escritas na parede de cada fisioterapeuta!

Quase três semanas depois do ataque cardíaco, Lori foi levada numa cadeira de rodas até a saída do hospital e viu junto à porta os paramédicos que a tinham salvado. Ela e Steve saíram do hospital na mesma ambulância que a havia trazido e pararam no posto do corpo de bombeiros para comemorar com um bolo e agradecer aos heróis que a trouxeram de volta à vida. Sem eles, ela jamais teria visto outro Natal.

Mas Lori só estava no início da longa estrada para a recuperação. Nas semanas e nos meses seguintes, Steve costumava se pegar pensando nas sessões deles com Jubal no redondel. Lembrava-se de quando eu falava sobre a importância de construir um alicerce e de como, com um cavalo, às vezes eu precisava voltar e recomeçar. Era o que ele via sua amada fazendo.

– Lori precisou recomeçar do zero. Teve que reconstruir aquelas capacidades. Eu achei que seria mais fácil para ela porque as capacidades seriam familiares, mas percebi que era realmente um recomeço. Se cometi algum erro na história, foi presumir que ela poderia voltar rápido à vida de antes. Se a gente for depressa demais, quando alguma coisa dá errado isso cria um revés, e é emocionalmente desconfortável. Quando Lori caía, era devastador, porque ela não tinha aquele alicerce.

Reconstruir o alicerce exigirá muita paciência e visão de longo prazo. *Não se trata de hoje, mas sim do resto da vida dela.*

Ele faz com que eu me sinta compreendida

Jubal representou um papel importante na recuperação de Lori e continua representando. Alguns meses depois de sair do hospital, ela e Steve vieram à fazenda para vê-lo. Eu tinha selado Jubal e depois o soltei num redondel enquanto esperava a chegada dos dois. Steve, como sempre, tinha muita coisa a dizer, e eu estava parado conversando com ele perto da cerca quando notei que Lori tinha entrado no redondel onde Jubal esperava. Depois de cumprimentar o cavalo, ela deu dois passos numa direção e o cavalo a acompanhou. Ela parou e olhou para ele, depois mudou de direção. Ele a acompanhou de novo. Logo ela estava andando lentamente, em círculos e em figuras de oito, com Jubal seguindo logo atrás, a cabeça junto à dela. Era difícil dizer quem estava treinando quem, mas ambos estavam construindo seus alicerces.

– Existe uma conexão entre nós – contou ela mais tarde. – É como se ele soubesse quando estou nervosa ou insegura. É uma conexão que a maioria das pessoas não tem com um cavalo. Pelo menos acho que eu nunca tive. Ele faz com que eu me sinta compreendida.

No verão voltamos ao treinamento com Jubal. Era hora de construir sobre aquele alicerce forte que tínhamos erguido e garantir que ele estivesse preparado para ser parceiro de Lori no estágio seguinte da recuperação. Ela conseguiu hospedá-lo num celeiro perto da sua casa em Utah, ansiosa para usá-lo para transportar vacas com seu pai, como costumava fazer na infância.

– Meu pai está ficando velho e sua saúde não anda boa – explicou ela. – Não sei quantos anos ainda lhe restam, mas vamos aproveitá-los enquanto pudermos. Sei que ele não aprova todas as minhas escolhas, mas decidi que não posso ser influenciada pelo que os outros pensam. Tento me livrar dessa pressão. Ainda me preocupo um pouco, mas leva tempo para desapegarmos dos velhos hábitos.

Notei que Jubal tem um velho hábito com o qual precisamos trabalhar: ele tem medo de vacas, tal como sua mãe, Jewel. É interessante como características assim podem passar de uma geração para outra. Ele é um animal doce e combina perfeitamente com Lori nesse aspecto, mas é um pouco tímido. No verão ele passou boa parte de seu tempo perseguindo vacas em volta da arena, desenvolvendo confiança ao desempenhar um papel dominante. Não quero deixar em seu alicerce uma brecha que possa machucar Lori.

O alicerce dela está mais forte, mas Lori acha difícil ser paciente com o ritmo lento da própria recuperação.

– Como uma mulher de 48 anos, é frustrante ter dias em que não sei como vou chegar ao meu carro no estacionamento do supermercado se não me apoiar em alguma coisa. É frustrante perguntar a mim mesma qual perna devo mover primeiro para não cair. Mas acho que isso me ajudou a ser mais compassiva e paciente ao lidar com pessoas que estão passando por dificuldades.

Recentemente Lori começou a trabalhar como secretária no departamento de educação especial de uma escola da cidade. Lá existem cerca de 90 crianças com necessidades especiais, algumas das quais diagnosticadas ainda muito novas. Às vezes, quando são muito indisciplinadas, essas crianças são mandadas para a sala da orientadora. Mas, em vez disso, elas passaram a ir à sala de Lori. Ela conversa com as crianças, as escuta e as ajuda a fazer os deveres.

– Tem sido incrível – disse ela. – Descobri que gosto das crianças levadas, porque sei como elas se sentem. Essas crianças não têm necessariamente deficiências mentais; muitas são muito inteligentes. Só não funcionam bem numa sala de aula comum.

Ela sabe que alguns dos alunos passaram por situações difíceis ou traumáticas. Não têm um alicerce sólido. *Lenta em tomar e rápida em dar* é um princípio que Lori considerou útil nessa situação.

– Eu dou o que elas necessitam e pego o que elas podem oferecer. Elas só querem alguém que as escute e não cobre demais quando estiverem se sentindo daquele jeito. Havia um garoto que, quando as coisas não aconteciam como ele esperava, ficava de pé e andava de um lado para outro na sala. A professora o mandava se sentar. Eu perguntei a ela: se ele não estiver incomodando ninguém, não poderia deixá-lo andar só por um minuto? Mas ela respondeu que o estudante distraía a turma. Por isso eu me ofereci para levá-lo ao corredor e andar com ele durante alguns minutos. E então ele voltava e se sentava. – Como Jubal faz por ela, Lori faz com que essas crianças se sintam compreendidas. – Não espero mais do que aquilo que elas podem oferecer.

E por causa disso Lori pode ajudá-las a progredir. Sabe que não se trata de hoje, mas sim do resto da vida delas.

CAPÍTULO OITO

Se você lidar com uma má atitude, não precisará lidar com uma ação

Encare o fato simples antes que ele se torne complexo.
Resolva o problema pequeno antes que ele fique grande.

— Lao Tse

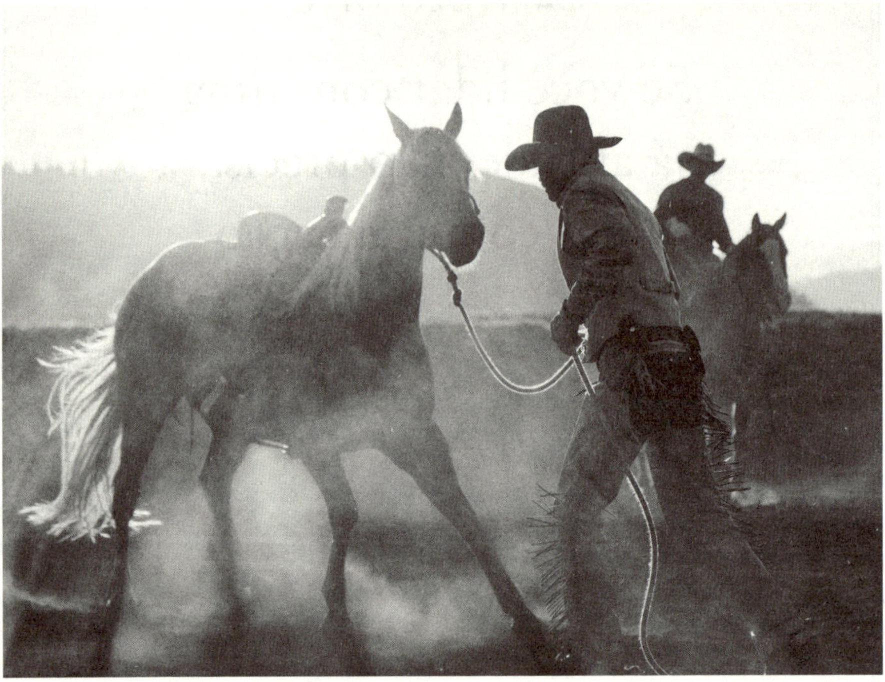

— Se você não puder consertá-lo, terei que me livrar dele.

Recebi esse ultimato quando fui apresentado a James Dean. Era um puro-sangue castanho e grande, atlético, cuja dona desesperada ligou um dia para mim. Rita, uma amazona rica e realizada, dona de uma fazenda em Aspen, Colorado, já havia pagado um bom dinheiro a vários treinadores para trabalhar com seu cavalo. Estava a ponto de desistir quando um amigo falou a meu respeito, então decidiu me contatar. Pedi a ela que levasse o cavalo a uma oficina de treinamento minha, e eu veria o que seria possível fazer.

O nome James Dean era adequado: o animal tinha todas as características de um superastro. Sua beleza e seu jeito arrogante faziam cabeças virarem aonde quer que ele fosse. (Confesso que, antes de conhecer aquele cavalo, eu não sabia quem era o ator James Dean, mas, quando Rita descreveu o astro do cinema, montado numa motocicleta com um cigarro pendendo no canto da boca e um brilho de provocação no olhar, entendi por que ela havia dado esse nome ao cavalo.) Você podia induzi-lo a saltar sem cavaleiro e ele voava perfeitamente. Rita esperava que ele se tornasse um campeão de saltos. O único problema era que, assim que alguém tentava montá-lo, o cavalo enlouquecia. Empinava tão alto que chegava a cair de costas – um hábito aterrorizante e perigoso. Agora ela e todos os treinadores que tentaram ajudá-la tinham medo dele. Quando chegou à oficina, o cavalo tinha alcançado o fim da linha. Minha capacidade de dar um jeito em James Dean significaria literalmente a vida ou a morte para aquele animal lindo, mas rebelde.

Quando olhei o cavalo, parado do outro lado do redondel me observando, me lembrei de mim mesmo quando mais jovem. Como um garoto rebelde que fez o que quis por muito tempo, James Dean tinha crescido sem nenhum limite. Não senti medo dele, mas me aproximei com cautela – afinal de contas, aquele rebelde sem causa pesava 600 quilos e podia me apagar com um coice. Mas, acima de tudo, eu sentia pena dele. Ninguém tinha se importado o suficiente para aplicar um pouco de disciplina saudável quando ele mais precisou. Provavelmente achavam que estavam demonstrando amor. Mas esse tipo de amor o condenou a uma vida difícil, cheia de conflitos e lutas.

Costumo dizer nas minhas demonstrações: *Disciplina sem amor é abuso, mas amor sem disciplina também.* Na verdade, eu argumentaria que não é amor.

James Dean, ou JD, como o chamávamos, provava esse argumento. Ele tinha recebido carinho, sido elogiado e mimado, mas jamais o ensinavam a respeitar os humanos e seguir suas orientações. Aos 4 anos, tinha se tornado perigoso, o que levou os treinadores a continuarem tentando restrições mais forçadas e dolorosas. Com isso, ele acabou se tornando mais arredio e desrespeitoso. É um ciclo que pode terminar com um cavalo perfeitamente saudável sofrendo eutanásia porque machucou alguém. Onde está o amor aí?

Como lidar com uma má atitude

A disciplina faz parte do amor. Se você não exercê-la, alguém terá que fazer isso mais adiante, e nesse ponto o problema terá piorado e a reação será mais forte. É como eu digo a alguns pais: se você não disciplina seus filhos, eles vão crescer sem nenhum respeito pelas regras. Não vão respeitar os professores e acabarão desrespeitando a sociedade. Quando isso acontecer, a lei vai discipliná-los. Eles vão parar na cadeia, raivosos e ressentidos, achando que o sistema é injusto. Sabe o que é realmente injusto? Que as pessoas que os criaram não tenham se importado em estabelecer limites e ser consistentes com relação a eles. Quantos jovens saem dos trilhos porque seus pais praticaram amor sem disciplina?

Sei que "disciplina" não é uma palavra popular hoje em dia, mas é essencial para um líder que deseja criar parcerias harmoniosas, seja na manada, no redondel, no local de trabalho ou na família. Muitas pessoas têm dificuldade com isso. Algumas usam formas antiquadas de disciplina que carecem de amor e chegam a ser abusivas. Mas me parece que hoje as pessoas preferem abandonar totalmente a disciplina porque acreditam que apenas o amor basta. Claro, é uma coisa positiva o fato de que, como sociedade, estamos abandonando algumas práticas abusivas que usávamos para tratar animais, crianças e adultos. No entanto, às vezes me pergunto se não exageramos ao ir na direção oposta e acabamos estabelecendo um tipo diferente de abuso. Muitos cavalos que conheci provam que isso é verdade.

Alcançar o equilíbrio entre firmeza e justiça não é uma tarefa fácil. É importante lembrar: primeiro, não faça mal. Não discipline com raiva ou frustração; seja o mais suave que puder, mas com a firmeza necessária. Perceba quando você já fez o suficiente. É fácil ir longe demais. Essas são habilidades que precisamos desesperadamente desenvolver como seres humanos. Pense em quantas tragédias poderiam ter sido evitadas se as pessoas tivessem observado mais quem está ao redor, identificado os sinais que sugerem problemas e intervindo antes que alguém se machucasse. De todas as lições que compartilho com os visitantes que vêm à fazenda, esta é a que me parece mais particularmente urgente.

Quando se trata de cavalos, se você lidar com uma má atitude, não terá que lidar com uma ação.

JD se comportou mal desde o momento em que entrou no meu redondel. Mostrou o branco dos olhos e balançou a cabeça. Enquanto passava por mim, balançou o rabo e virou o quadril na minha direção, de modo ameaçador. Esses são sinais de uma má atitude que pode rapidamente se transformar em ações como coice, mordida ou pancada. Meu trabalho é não permitir que isso chegue tão longe. Se você deixa as coisas escaparem do controle, pode ser devastador, e será necessário pagar o preço mais tarde e voltar para consertar alguma coisa. Nesse ponto, a situação será muito mais difícil do que seria se o mal tivesse sido cortado pela raiz, antes que começasse.

Você jamais se esquece da aparência de um cavalo pronto para lhe dar um coice. Se você aprender a ler sua linguagem corporal, perceberá que ele sempre lhe diz o que fará *antes* de fazer. Se você for rápido o bastante para lidar com a aparência, não precisará lidar com o chute. Lide com a má atitude para não ter que lidar com a ação. Esse é o poder de ser observador.

Como seres humanos, costumamos ficar presos em nosso mundo particular. Nem sempre captamos o que alguém está dizendo com os olhos, a expressão, a postura. Não percebemos os sinais sutis e só reagimos quando a pessoa tem atitudes mais explícitas e destrutivas.

Lidar com uma má atitude quanto antes pode conter problemas maiores, seja com cavalos ou com seres humanos. Quando conheci JD, percebi que seria um trabalho difícil, porque ele vinha se comportando daquela forma havia muito tempo. Se os humanos em sua vida tivessem encontrado um equilíbrio melhor entre amor e disciplina quando ele era um potro, muitos problemas teriam sido evitados.

O primeiro passo era deixar claro que eu não iria permitir que ele me ameaçasse ou me intimidasse. Quando coloquei minha pesada sela nas costas do cavalo, ele teve o que nós, caubóis, chamamos de ataque louco. Desde o instante em que apertei a cilha e o soltei no redondel, ele começou a guinchar e bufar. Caiu com a cabeça entre as patas e o focinho quase no chão. Em seguida pulou de novo, fazendo uma pirueta com as patas traseiras, depois voltou a corcovear e relinchar.

Quando um cavalo dá pinotes, em geral significa medo ou raiva. (Ocasionalmente também pode significar dor, mas eu tinha quase certeza de que não era o caso de JD.) Como treinador de cavalos, é fundamental conhecer a diferença.

A princípio, a raiva e o medo podem ser muito parecidos, por isso você precisa entender a linguagem corporal mais sutil. Se confundir medo com raiva enquanto tenta disciplinar um cavalo que sente medo de você, isso só irá deixá-lo mais apavorado. Não quero castigar um cavalo por sentir medo – essa é a natureza dele. Se você confundir a raiva com o medo e tentar amar um cavalo furioso, provavelmente vai piorar a situação.

Acho que essa confusão comum entre raiva e medo se estende também aos seres humanos, especialmente os jovens. Alguns podem parecer presunçosos, rebeldes e agressivos, mas na verdade estão apenas com medo. Esses garotos precisam de gentileza e compreensão, e não de castigo. Mas há outros jovens que são simplesmente raivosos e desrespeitosos, e nem todo o amor e gentileza do mundo vão ajudá-los se você não estiver disposto a estabelecer limites firmes. Eles precisam de amor com disciplina. A maioria de nós sente o que é necessário, mas às vezes passamos por cima dessa intuição.

No caso de JD estava claro que ele dava pinotes por raiva. Não era o tipo de reação que víamos quando um cavalo estava amedrontado, achando que tem um predador nas costas. Aquilo era puro chilique. JD só havia usado uma sela inglesa, leve, e se ressentia da pesada sela de caubói com cilhas na frente e atrás. Portanto, precisava de uma lição de humildade. No meu redondel, que considero a minha sala de aula, os chiliques não são tolerados. Para estabelecer minha autoridade como alfa da manada, montei em outro cavalo, um garanhão mais velho, e entrei. Imediatamente, JD desafiou meu cavalo, partindo para cima de nós com o branco do olho e os dentes à mostra. Contrapus a carga, balançando minha bandeira na cara dele, e rapidamente levantei a perna para não ser chutado enquanto ele girava para longe de mim. Então continuei a impeli-lo pelo redondel, como um garanhão ou uma égua líder da manada selvagem impele um subordinado. A mensagem era clara: você está fora da linha e precisa aprender qual é o seu lugar. Se quiser fazer chilique, vá em frente, mas isso não vai dar em nada.

O pelo castanho-avermelhado de JD ficou escuro de suor, com espuma branca riscando os costados, e sua respiração saía pesada pelas narinas abertas, mas eu o mantive em movimento até perceber que sua vontade de lutar estava começando a enfraquecer. Ele enfim parou e eu também. Vi quando ele baixou a cabeça e se submeteu, talvez pela primeira vez na vida. Tinha abandonado a má atitude. Recuei imediatamente e deixei que ele descansasse, elogiando-o com uma voz suave e encorajadora.

Mais tarde naquele mesmo dia montei em JD e cavalguei sem nenhum problema, e fiz progresso suficiente para dar esperança à sua dona. Mas ela ainda estava com medo de montá-lo, por isso pediu que eu o levasse de volta à minha fazenda para treiná-lo. JD se tornou parte da família, e eu fiz o que teria feito com qualquer adolescente: coloquei-o para trabalhar. Não existe cura melhor para uma má atitude do que o bom e velho trabalho duro! Especialmente com os cavalos jovens, é realmente importante estabelecer uma boa ética de trabalho, acostumá-los a trabalhar todo dia, mas não o dia todo. Muitos problemas que as pessoas têm com os cavalos (particularmente os jovens) é que eles não querem trabalhar. Meus cavalos jovens trabalham até uma hora, seis dias por semana, e têm um dia de folga, como nós. E como é algo consistente, eles não ficam ressentidos, esperam por isso e até passam a gostar, creio eu. Todo dia eles fazem a sua parte.

Eu esperava que JD fizesse sua parte, como qualquer outro cavalo. Aquele elegante puro-sangue se tornou um humilde cavalo de fazenda – arrebanhando e separando o gado, laçando e cuidando das vacas doentes e ficando parado, com paciência, ainda com a sela, nos intervalos dos serviços. Foram necessários muito trabalho e limites bem definidos para desfazer boa parte dos danos causados por anos de indulgência, mas com o tempo sua má atitude foi contida. A vontade forte se tornou um ponto positivo, já que ele demonstrou uma resistência e uma coragem incríveis. Até comecei a usá-lo para treinar outros potros rebeldes, guiando-os no redondel, como eu tinha feito com ele.

Quando chegou a hora de JD partir, fiquei triste em vê-lo ir embora. Ele havia se tornado um companheiro valioso, mas sua vocação não era o trabalho numa fazenda. Alguns meses depois, Rita me mandou um vídeo de JD numa exposição de cavalos, com um rapaz montado, realizando um circuito de saltos perfeito. Ficamos pasmos ao ver como ele estava lindo, saltando sem esforço, com a crina e a cauda trançadas e o pelo castanho brilhando. Sem a má atitude, ele se tornou confiante. Realmente atraía atenção. Senti muito orgulho por JD e gratidão por Rita, por ter confiado tanto em mim. Ela me disse que o cavalo valia mais de 100 mil dólares.

Nunca é tarde demais para tentar

A pior coisa da má atitude é que ela é contagiosa. Pode envenenar a cultura de um local de trabalho ou de um playground e pode transformar uma casa num campo de batalha. As crianças verão a má atitude como uma coisa legal e tentarão imitá-la, principalmente se ela não for contida. Os empregados começarão a ficar ressentidos e desmotivados se um colega nunca for responsabilizado pelo mau comportamento. Na época em que eu dava oficinas de treinamento, lembro que um participante problemático podia arruinar o dia de todo mundo. Uma má atitude precisa ser enfrentada imediatamente, com clareza, firmeza e de modo decisivo.

É muito mais fácil lidar com uma má atitude no início, mas nunca é tarde para tentar. Lembro uma vez em que eu estava dando uma oficina na Geórgia. A maioria dos participantes se mostrava disposta, positiva e envolvida, mas notei, no fundo, um caubói idoso e grisalho, mascando tabaco e me olhando com suspeita por baixo do velho chapéu preto. Apesar de ele estar nitidamente tentando não ser notado, sua atitude era de puro ceticismo. Braços cruzados, inclinado para trás. Sua linguagem corporal deixava evidente que estava contra mim. Fiquei me perguntando por que ele estaria ali. Eu deveria lidar com aquela atitude ou seria mais sensato ignorá-lo, como a maioria das pessoas parecia fazer? Não pude deixar de sentir que ele tinha ido ao meu curso por outro motivo. Uma parte dele queria aprender, ainda que ele não quisesse ser visto fazendo isso.

Decidi que valia a pena fazer uma tentativa. Afinal de contas, eu não queria que sua atitude afetasse o resto da oficina. E eu tinha uma intuição de que deveria tentar. Lidar com uma má atitude nem sempre significa ser duro ou disciplinador. Nesse caso usei uma abordagem diferente. Eu lidaria primeiro com esse tipo de orgulho e descobriria o melhor caminho para tentar neutralizá-lo, e não desafiá-lo. Precisava que ele trabalhasse para mim, e não contra mim.

– Parece que o senhor sabe lidar com cavalos. Posso pedir que me ajude aqui?

Relutante, ele se adiantou e se juntou a mim no redondel. Ao pedir sua ajuda, eu honrei o fato de ele ser um velho caubói. Logo consegui que ele se envolvesse e ajudasse alguns jovens. Aos poucos, ele relaxou, perdeu a vontade de lutar, e eu senti que ele prestava muita atenção em tudo que eu compartilhava. Naquele dia eu não tinha trazido meu cavalo, já que tinha ido de avião, mas o velho caubói me ofereceu seu capão castanho, que por acaso era um cavalo muito bom e bem treinado.

Mais tarde fiquei sabendo por que ele compareceu ao curso. Uma das suas netas estava participando, e fazia anos que ele não a via, porque estava distante da mãe dela. Não era de espantar que ele se sentisse desconfortável no início. Não sabia se era bem-vindo.

Mais tarde ouvi relatos de que, depois da oficina, ele havia se reconectado com a família. Houve perdões e reconciliação entre três gerações – sua esposa ficou extremamente agradecida pela mudança dele, permitindo que se reconciliassem com a filha e a neta. Mesmo depois de décadas de ressentimento e raiva, o velho caubói conseguiu abandonar a má atitude. Não importa há quanto tempo você está numa trilha, nunca, nunca é tarde demais para mudar e começar a fazer algo diferente. Nunca é tarde para ser humilde, fazer a coisa certa e dizer a coisa certa.

Enterrar o corcoveio

Quando trabalho com cavalos jovens, fico atento a qualquer má atitude desde o primeiro dia e não hesito em corrigi-la. Sei que não se ganha nada adiando esse confronto até eles ficarem maiores, mais fortes e mais confiantes. Acredito que o mesmo se aplica às pessoas. Assim como acontece com um bom cavaleiro, um líder, um orientador ou um pai sensível são capazes de ler as atitudes e prever como elas podem levar a comportamentos problemáticos mais adiante. Uma correção clara porém firme diante da primeira sugestão de problema pode poupar muitas dificuldades depois.

Você não verá essa má atitude a não ser que esteja disposto a colocar um pouco de pressão sobre o cavalo enquanto ele ainda for jovem. Não me importo se um potro corcovear na primeira vez em que colocar uma sela nele. Se você evita esse tipo de confronto sendo suave demais com o cavalo, ele guarda a má atitude, e cedo ou tarde ela aparecerá, quando você menos esperar. Como na ocasião, há algumas semanas, em que um dos cavalos mais gentis da minha manada me derrubou sem aviso.

Eu devia ter me precavido. Sou mais cauteloso do que antigamente com relação a montar um cavalo que possa corcovear. Na minha idade, a última coisa de que preciso são ossos quebrados. Mas o cavalo que me derrubou não era um potro jovem, indomado, nem um mustangue selvagem. Era um cavalo com quem eu vinha trabalhando durante todo o inverno, um capão baio chamado Legs. Desde que o comprei ele sempre foi muito gentil – até aquele dia.

Legs estava "com alimentação quente", como dizemos na fazenda, o que significa que vinha comendo o capim de primavera, rico, com muita proteína. Fazia algumas semanas que eu não trabalhava com ele, mas esperava que ele se comportasse da mesma forma. De repente uma manada de cavalos da fazenda vizinha veio galopando pelo pasto. A cabeça de Legs subiu, seu rabo balançou com força, e dava para ver que ele queria correr com eles. Não fiquei preocupado: não era uma situação incomum. Só comecei a direcionar sua energia intensa dentro do redondel.

Mas então, de repente, ele ficou muito exaltado e corcoveou. Com bastante força. Enquanto eu me agarrava ao arção da sela, me dei conta de que talvez ele não tivesse corcoveado de verdade antes. Sua fúria pareceu quase apavorá-lo, o que o fez corcovear mais ainda. Fiquei agarrado por um tempo, mas, como estou mais velho e mais lento, acabei fraquejando. Bati no chão *com força*, machucando as costas. Fiquei sentado por um minuto para recuperar o fôlego, me encolhendo de dor. Olhando o cavalo, que ainda corcoveava, fiquei me perguntando o que eu tinha deixado passar. Sem dúvida, considerei que ele estava pronto, porque sempre teve um comportamento bom e gentil.

Enquanto pensava na minha experiência com aquele cavalo, percebi que ele dera alguns sinais de alerta. Ele era meio intrometido e não respeitava muito bem o espaço. Empinava um bocado as orelhas, sinal de que um cavalo é rabugento. Talvez a mulher que o treinou primeiro não o tivesse confrontado de verdade nem estabelecido limites que pudessem expor sua má atitude. A maioria dos potros, bem no início do processo de doma, passa por alguns ataques de fúria. Se você permitir que eles externem isso, eles superam e amadurecem. Mas talvez esse cavalo tivesse sido amado, tivesse tido permissão para fazer o que quisesse e jamais tivesse sido pressionado a ponto de revelar sua raiva.

Agora que eu tinha visto a má atitude, não havia opção a não ser lidar com ela. Eu não estava com pressa para montar de novo e partir para a segunda rodada. Tinha levado uma pancada feia. Mas sabia que, se me afastasse mancando e deixasse a coisa como estava, Legs receberia a mensagem de que era permitido corcovear. A última coisa de que ele iria se lembrar seria que conseguiu se livrar do trabalho me derrubando. Em vez disso decidi usar uma antiga técnica de cavaleiro chamada "deitá-lo". Se você assistiu ao filme *O encantador de cavalos*, com Robert Redford, talvez se lembre de uma cena em que ele faz isso. Não é uma técnica que eu uso com muita frequência, mas às vezes meu instinto me diz que ela pode ajudar um cavalo específico. Levei Legs até o meio da arena, o ponto exato em que ele tinha me derrubado, prendi meu laço na sua pata da frente e depois passei a corda por cima do arção da sela. Aplicando uma pressão suave, fiz com que ele levantasse a pata primeiro, depois se curvasse para a frente sobre três patas, cedendo à pressão. Depois de um tempo ele soltou um grunhido de submissão e se deitou de lado na terra.

Deitar-se não faz mal ao cavalo, mas o torna submisso. Afasta suas defesas naturais, deixando-o vulnerável e com estatura reduzida. Não estou falando de jogar um cavalo no chão, como os antigos caubóis faziam às vezes – este é um processo lento e cuidadoso, que só coloco em prática num ambiente seguro. Só estou lidando com sua má atitude. Esse é um confronto apenas entre nós dois. Para reforçar a mensagem, assim que Legs estava deitado eu me sentei em cima dele. E então fiz um bom discurso. Disse que seu comportamento era inaceitável e não seria tolerado. Que ele podia ter me machucado muito e que eu não merecia isso. Que eu o tratei bem. Que ele não era um potro novo e não devia se exaltar daquela forma.

É claro que Legs não entende o idioma, mas captou a mensagem. Minha linguagem corporal apoiava as palavras: eu estava estabelecendo o respeito. Não o espanquei, mas também não fiz carinho. Quando terminei de falar, fiquei sentado por mais alguns minutos, sentindo o cavalo relaxar e sua raiva se esvair. Ele estava cedendo. Algumas pessoas têm medo de traumatizar um cavalo ao insistir que ele se submeta. Não acredito que você precise domar o espírito dele, mas seria necessário dominar seu instinto rebelde.

No dia seguinte pus a sela em Legs e o levei para o redondel. Alguns cavaleiros tentariam "trazer o corcoveio" – provocar o cavalo para confrontar o comportamento problemático. Eu não faço isso. Para mim, isso é apenas pedir para ser derrubado outra vez e arriscar criar um padrão na cabeça do cavalo. Em vez disso recomecei, voltando ao básico, trabalhando qualquer coisinha que o incomodasse. Ajudei-o a chegar ao fim da sessão sem corcovear. Durante alguns dias nem montei nele, apenas comecei com o trabalho básico. Depois fiz algumas montarias fáceis. Meu objetivo era que ele percebesse que não precisava corcovear, dia após dia, corroborando suas boas escolhas e criando um padrão positivo.

Quando alguém (cavalo ou humano) faz bobagem, não é bom enfatizar seus erros. O que quero é aumentar lentamente a pressão, pedindo um pouco mais a cada dia, mas ficando, como dizia Tom Dorrance, "deste lado da encrenca". A cada dia vou elevar o limite, até onde eu sentir que ele pode ter vontade de corcovear, depois recuar, fazer com que a coisa seja boa para ele, deixando-o ciente de que não precisa corcovear. A cada dia esse limite se afasta mais um pouco, mas ele se move junto, sem nunca mais precisar passar por aquela experiência traumática em que é pressionado demais e alguém se machuca (ou o machuca). Permanecendo deste lado da encrenca, posso fazer com que o cavalo saiba que é sempre melhor para ele se nós nos entendermos. Não vou dificultar a vida dele. Quero que ele desenvolva a confiança de que *pode* ser bom. Eu poderia provocar aquele corcoveio se o pressionasse demais, mas de que isso adiantaria? Como diria Tink: "Construa a partir do que é bom e talvez o ruim simplesmente se dissolva." Ou, como gosto de dizer, vamos enterrar o corcoveio.

Desde esse episódio Legs ficou um pouco mais humilde e ganhou um pouco de respeito. Ele é um bom cavalo, e espero que nosso pequeno desentendimento não seja só a primeira, mas também a última vez que ele derrubou alguém.

CAPÍTULO NOVE

Você pode viver amargurado ou melhorar

Coisas ruins acontecem. O modo como reajo a elas define o meu caráter e a minha qualidade de vida. Posso optar por permanecer numa tristeza perpétua, imobilizado pela gravidade da minha perda, ou por ascender da dor e valorizar o presente mais precioso que eu tenho: a própria vida.

— WALTER ANDERSON

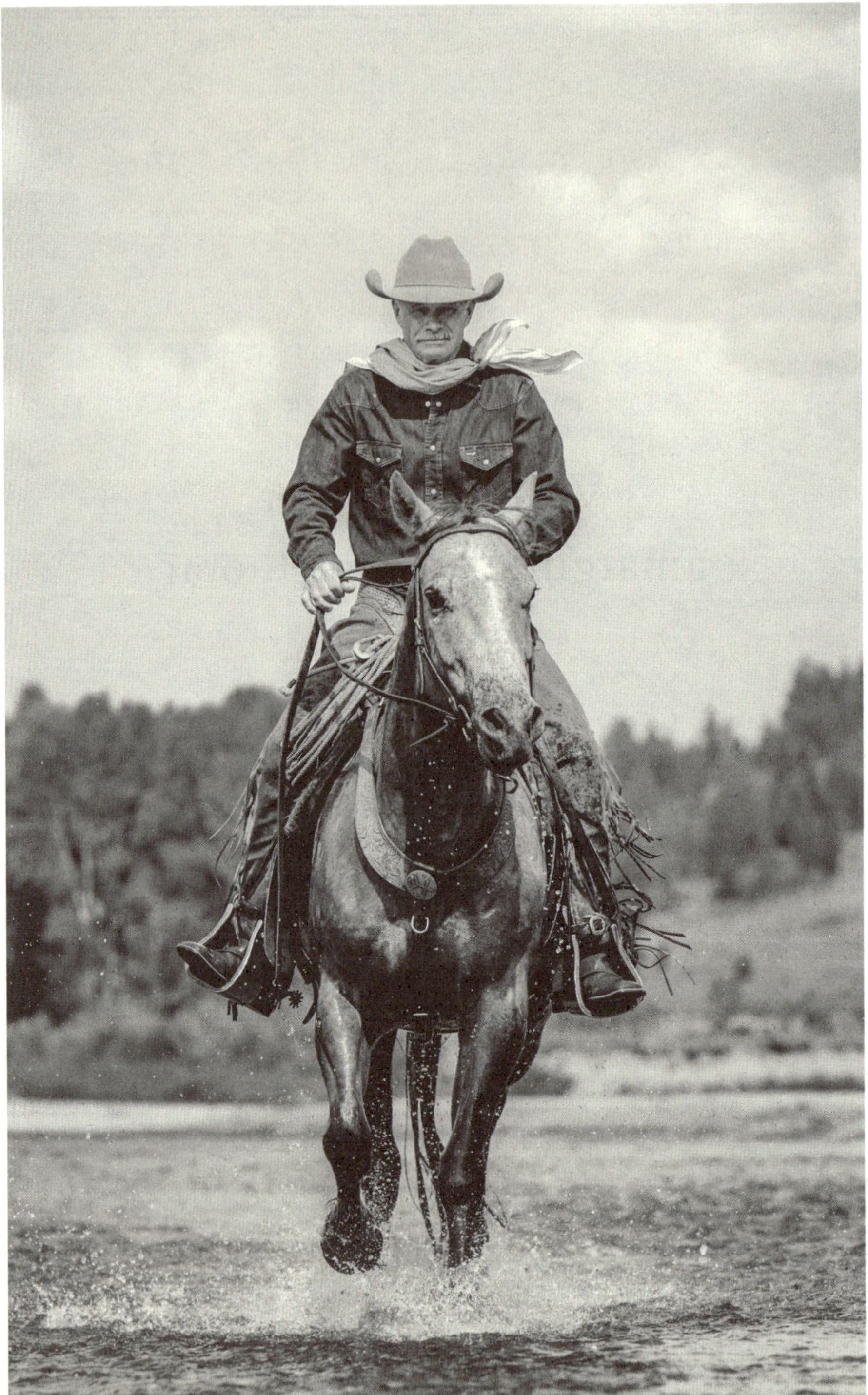

Quando vi a potra na baia pela primeira vez, ela estava enfiada até os tornozelos em lama e esterco, a cabeça pendendo, orelhas caídas. Sua crina longa e a cauda estavam emboladas, o pelo áspero e opaco. Os músculos estavam atrofiados e as costelas visíveis. Tinha cascos compridos, rachados e partidos por não terem sido aparados. Era um dos muitos animais num redondel cheio de cavalos conhecido como "redondel da morte" num leilão, o que significava que iriam logo para o matadouro se alguém não os comprasse. Eu ainda não sabia que aquela potra de aparência triste mudaria mais do que eu imaginava ser possível e que no processo ela também iria me mudar.

Conheci a potra num ponto baixo da minha vida, nos anos 1980, quando estava morando na Califórnia, jogando polo e treinando cavalos. Meu primeiro casamento estava em crise, e eu me censurava pelos erros que tinha cometido com as pessoas e os cavalos. Precisava de alguma coisa que me deixasse empolgado de novo.

O vendedor no leilão me disse que a égua tinha 3 anos e não havia sido domada nem para o básico: nunca tinha sido tocada. Era "acordo de divórcio" – ou seja, alguém tinha ficado com a égua depois de um divórcio e queria se livrar dela rapidamente. Talvez ela fizesse a pessoa se lembrar de um ex que era melhor ser esquecido. Olhando-a, achei improvável alguém imaginar que ela valesse grande coisa, até mesmo como carne. Mas eu estava começando a aprender a enxergar potencial: estava vendo como um cavalo poderia ser, não como estava no momento. Quando a imaginei saudável e em boa forma, 150 quilos mais pesada, vi seu potencial. Ela era feita para correr e ter energia. E seus olhos – separados como os de um cervo – não eram os olhos de um cavalo que havia desistido. Apesar dos tempos difíceis pelos quais tinha passado, havia gentileza neles, mesmo que ficassem rapidamente vazios e temerosos quando a égua se sentia ameaçada. Apesar de tudo que havia conspirado contra ela, dava para ver que ainda estava bem-disposta. Quando entrei no redondel para olhar mais de perto e balancei uma corda par fazê-la andar, ela trotou graciosamente ao longo da cerca. Mesmo em sua condição emaciada, ela movia os pés com rapidez. Ela *tentava*. E era só isso que eu precisava ver para saber que conseguiria alguma coisa com aquela égua.

Na porta do trailer ela se assustou, girou e voltou correndo pelo beco, direto na minha direção. Acenei instigando-a de volta. A cada vez que ela mudava de direção, suas patas traseiras escorregavam e ela rolava sobre os jarretes. Em poucos passos ela estava galopando a toda velocidade na direção oposta. A superfície escorregadia tinha pouco efeito sobre ela. *Que atleta!*, pensei, visualizando-a no campo de polo. Depois de várias recusas, a potra enfiou cautelosamente a cabeça dentro do trailer e farejou o piso. Uma pata, depois duas, gradualmente três e quatro, e ela estava no trailer. Então ela girou, saltou para fora e correu de volta para mim.

– Tudo bem, garota – falei. – Tudo no seu tempo. Não estou com pressa. Só vamos treinar entrar e sair.

Na época eu não enxergava desse modo, mas eu estava transformando algo do qual ela tinha medo em uma ferramenta para ajudá-la a aprender. Se ela quisesse sair do trailer, isso também era algo que precisaria aprender. E depois poderia tentar entrar de novo. Até que ela entrou no trailer e ficou quieta lá dentro. Fechei o portão de aço e voltei para casa.

Quando minha esposa, Locke, viu a potra, ela ergueu as sobrancelhas, confusa.

– O que você comprou?

Abri o portão do trailer e a potra correu para o redondel.

– Parece um saco de ossos.

– Ela parece bem ruim agora, mas acho que tem potencial. O preço foi justo.

Eu não sabia direito o motivo, mas sentia que poderia fazer alguma coisa boa com aquela potra. E queria tentar.

Na manhã seguinte acordei cedo enquanto a luz do dia se esgueirava sobre a cordilheira coberta de neve que se erguia do chão do vale. Sapos coaxavam no lago e uma cotovia cantava sua canção matinal. Fui rapidamente até o redondel, ansioso para trabalhar com minha nova égua.

Quando entrei, a potra balançou a cauda bem alto, correu para o lado oposto e se chocou contra os painéis de aço. Com o queixo por cima do corrimão superior, ficou se balançando para trás e para a frente, querendo pular para fora. Com o cabresto na mão, fui até o centro e comecei a impeli-la, rodeando o perímetro do redondel. Logo seu pelo estava branco de espuma de suor. Ela ficava olhando para os outros cavalos em busca de segurança.

– Querida, a resposta para os seus problemas não está lá. Olhe para mim.

Enquanto ela se movia, sua orelha apontou para mim e ela me olhou rapidamente. Recuei para longe, para o seu local predileto, onde os cavalos estavam, e em seguida parei e fiquei imóvel, tentando não parecer ameaçador. Ela diminuiu a velocidade até estar caminhando, baixou o focinho até o chão como se farejasse a terra e lambeu os beiços.

– É isso aí – falei baixinho. – Não vou machucar você.

Hesitante, ela deu dois passos na minha direção, e então me abaixei sobre um dos joelhos para parecer menor e menos ameaçador. Deixei que ela permanecesse parada, descansando. Aos poucos ela chegou mais perto. De quatro, avancei até estar a uns 60 centímetros do seu focinho, mas ela parecia pronta para fugir. Por isso recuei um pouco e esperei. Em cerca de um minuto, ela chegou mais perto para farejar meu chapéu. Logo o estava tocando com o focinho, partindo depois para o ombro. Eu podia sentir seu hálito quente no pescoço.

Estendi a mão e esperei. Devagar, ela pôs o focinho nela e farejou. Ainda de joelhos, engatinhei um pouco para o lado. Ela me seguiu hesitante, estendendo a cabeça para mim. Com cautela, me virei e respirei nas suas narinas, como os cavalos fazem quando se conhecem. Lentamente fiquei de pé e andei em volta dela. Ela se virou e me seguiu como um cachorro indo atrás do dono.

Esse tipo de aceitação e conexão já tinha acontecido comigo, mas dessa vez me deixou pasmo. Talvez porque eu estivesse me sentindo muito desmotivado e sozinho naquele momento. Fiquei atônito com o amor que me envolveu como um cobertor quente. Caí de joelhos enquanto as lágrimas enchiam meus olhos. A eguinha ficou perto de mim, com o focinho tocando meu ombro. Quando olhei para ela, me reconheci: um homem derrubado por minha própria autocrítica e desesperado por ajuda. A conexão com a potra – sua aceitação incondicional – provocou algo em mim: uma pequena chama de esperança.

Na manhã seguinte senti uma nova energia e mal pude esperar para ver minha eguinha; dessa vez ela veio direto me cumprimentar. Será que me deixaria fazer um carinho? Ela ficou tensa e se afastou quando estendi a mão para tocá-la.

– Tudo bem, garota – falei. – Sei que você está com medo. Vamos tentar de novo.

Só demorou uma fração do tempo que havia levado no dia anterior para ela se virar para o centro do redondel, e sem todo aquele suor.

– Desculpe – pedi. – Eu me movi depressa demais da primeira vez. – Estendi a mão lentamente para o seu dorso, os dedos relaxados e apontados para baixo, para tocá-la. Ela não fugiu, e eu passei a mão gentilmente pelo seu pescoço, sentindo o pelo áspero e os músculos desgastados. – Não é muito ruim, hein? Um dia você ainda vai achar isso bom. – Ela ficou quieta enquanto eu a afagava. De vez em quando ela inclinava a cabeça para trás e me cheirava, para se certificar. Quando terminei, ela me acompanhou. – Acho que já basta por hoje – falei. – Vamos terminar num clima bom.

Por algum motivo eu não conseguia pensar num nome ideal para ela. *Não se preocupe*, pensei, *ele virá*.

À medida que os dias passavam, a potra mudou, e eu também. Minha abordagem se tornou mais suave, menos crítica, mais focada na aceitação. Depois das centenas de cavalos com os quais eu tinha trabalhado, por que aquela provocava um efeito tão intenso em mim? Eu não sabia, mas, à medida que comecei a pensar de um modo diferente, meus cavalos passaram a reagir melhor, com mais boa vontade. Isso tinha mais a ver com conexão e relacionamento do que com métodos. Talvez eu fosse menos ameaçador para eles e parecesse menos um predador e mais um amigo. Aprendi a apreciá-los pelo que eles eram, em vez de tentar forçá-los a ser o que eu achava que deveriam ser. Eu percebia e desenvolvia seus talentos e seus interesses. Parei de me comparar com os outros. Pouco a pouco o fardo da autocondenação foi retirado.

A metamorfose havia acontecido, e a potra progredia rapidamente. Tinha se transformado de lagarta em borboleta. Logo eu estava montando nela. Ela ganhou peso, o pelo baio ficou brilhante como uma moeda de cobre e a crina e a cauda pretas cresceram longas e brilhavam ao sol. Os músculos ganharam forma e ela ficou exatamente como eu tinha pensado. Até que um dia eu estava correndo com ela no campo de polo quando Locke chegou galopando ao meu lado. Ela parecia empolgada.

– Encontrei o nome para a sua égua.
– E qual é?
– Milagro – respondeu ela. – "Milagre", em espanhol.
Não tive dúvida de que aquele era o nome ideal.
– É perfeito.

Um milagre de verdade. Era um nome adequado ao que ela já estava vivendo, e continuaria a viver. Apenas seis meses depois de eu tirá-la do redondel da morte, vendi-a para um jogador de polo de Wichita, Kansas, por 15 mil dólares. Ela havia se tornado mais do que eu imaginava e tinha me mudado de maneiras que eu ainda não era capaz de explicar.

Transforme uma coisa ruim em uma coisa boa

Milagro me ensinou muitas lições, e uma delas foi que os milagres *realmente* acontecem. Em outras palavras: você pode transformar quase qualquer coisa ruim em uma coisa boa. Até certo ponto – ainda que não em todos os casos –, acho que o mesmo princípio se aplica à vida. Coisas ruins acontecem com todos nós. Nem sempre podemos controlar o que surge no nosso caminho, e às vezes nossa única alternativa é suportar a dor da perda, do sofrimento ou da traição até que o tempo cure a ferida. Mas quando sinto que estou no meio de um desafio ou vivendo um momento ruim, tento ao menos pensar na pergunta: posso usar isso para o bem? Existe a semente de um milagre escondida na escuridão?

Quando tenho um problema com um cavalo – uma coisa da qual ele não goste ou da qual tenha medo –, em vez de castigá-lo, uso a coisa "ruim" para criar pressão e lhe ensinar novas habilidades. Pode ser uma lona balançando ou uma mangueira d'água. Podem ser os aplausos amedrontadores da plateia em volta do redondel. Posso usar qualquer coisa à qual ele reaja negativamente como estímulo para que suas patas se movam, assim ele se tornará mais ágil e capaz de reagir. Tento levar minha vida dessa forma também. Acredito que muitas coisas ruins podem ser usadas para o bem. Tudo depende da nossa atitude.

Não estou falando apenas em ter uma visão positiva das coisas ou em negar os desafios e as dificuldades da vida. Já tive muitos momentos em que senti que tudo estava atuando contra mim e que não havia saída. E algumas coisas são difíceis e dolorosas. Mas aprendi que, mesmo nos momentos mais sombrios, podemos escolher o modo como reagimos. Sempre existe a possibilidade de haver uma luz no fim do túnel, e às vezes encontramos bondade nos lugares mais inesperados.

Acho que essa filosofia explica em parte por que costumo ir aos redondéis da morte nos leilões de cavalos, como fiz no dia em que encontrei Milagro. É ali que os cavalos vão parar quando os humanos desistiram deles ou não podem mais cuidar deles. Os animais foram basicamente descartados – cavalos indesejados que irão virar carne a não ser que alguém decida lhes dar uma chance. Foram considerados difíceis demais, fracassados demais, selvagens demais ou um fardo pesado demais. Sempre fui atraído por esses cavalos – em parte pelo desafio e em parte porque posso comprá-los a preço baixo, colocá-los numa nova trilha e vendê-los com uma bela margem de lucro. Esse é o jogo: comprar barato e vender caro. Não é possível salvar todos – e aprendi isso do modo mais difícil. Mas descobri uma enorme satisfação em dar a esses animais uma nova chance de viver uma vida boa. O lixo de uma pessoa é o tesouro de outra, como dizem. Esses cavalos se tornaram preciosos para mim e me ensinaram algumas das lições mais importantes da vida.

Quando a vida me dá uma mão de cartas ruim e eu me pego com vontade de ficar com raiva ou me vitimizar, penso em cavalos como Milagro. Eles passaram por todo tipo de dificuldades, de situações difíceis, mas seu espírito não foi derrotado. Ainda estão dispostos a tentar e, em alguns casos, passam por transformações notáveis. Isso me faz pensar em algo que minha mãe me disse num momento ruim da minha vida, um ensinamento que permanece comigo há décadas: "Você pode viver amargurado ou melhorar."

"É fácil ser amargo, mas é difícil viver assim."

Meu amigo Steven Millward tem paraplegia há décadas e é uma das pessoas mais positivas e otimistas que já conheci. "É fácil ser amargo, mas é difícil viver assim", me disse ele uma vez.

Antes de nos conhecermos, me lembro de ter visto Steven em sua cadeira de rodas motorizada nos rodeios da região. Ele sempre estava em algum lugar perto do cubículo dos cavalos chucros, falando com os jovens cavaleiros, encorajando-os e oferecendo conselhos. Ele tinha uma energia e um entusiasmo contagiantes, e às vezes eu me perguntava qual seria a sua história, mas só consegui saber alguns anos depois.

Num verão eu estava procurando potros para usar nas nossas demonstrações e notei que havia alguns bons cavalos jovens no pasto do outro lado da via expressa. Quando perguntei quem era o dono, soube que por acaso eram de Steven. Achando que poderia querer alguma ajuda para iniciá-los, liguei para ele. Rapidamente Steven concordou com a minha proposta. Quando nos aproximamos e conheci sua história, ele logo se tornou meu amigo e um dos meus heróis.

Faltavam apenas algumas semanas para o seu décimo nono aniversário quando Steven e alguns amigos foram de carro até um rodeio em Baker, Montana. Nascido e criado em Jackson, ele tinha crescido com cavalos e gado, adorava competir no laço em equipe, em amarração de bezerros e especialmente na montaria de cavalos chucros.

Naquele dia ele tinha entrado na competição de montaria em cavalo chucro. A sessão começou como todas as outras em que ele esteve. Steve subiu na cerca acima do cubículo onde estava o cavalo e baixou o corpo com cuidado sobre a sela. Sentiu o animal estremecendo embaixo dele. Enrolou a corda puída em volta da mão calejada, enfiou os pés nos estribos e se inclinou para trás, pronto para o salto. O portão se abriu, a multidão gritou e o cavalo explodiu numa convulsão, corcoveando. Durante alguns segundos Steven foi junto com ele, ajustando o ritmo como um surfista numa onda grande. Logo em seguida, saiu voando pelo ar, e a primeira coisa a bater no chão foi sua cabeça.

Segundos depois, o rosto pintado do palhaço do rodeio entrou em foco acima dele, que não conseguia respirar.

"Você está bem, filho. Só ficou sem fôlego. Vamos nos levantar."

Steven fez todo o esforço que pôde, mas só conseguiu ofegar três palavras: "Não... me... mexa."

– Eu soube no minuto em que aconteceu – contou ele. Não dá para se enganar quando a gente quebra a coluna.

Deitado no chão, em algum lugar acima ele ouviu uma voz familiar e soube que seu pai, que era paramédico, cuidaria de tudo.

– Eu simplesmente apaguei – lembrou ele. – Fiquei em paz naquele momento. Eu tive certeza de que era o fim.

Ele acordou na ambulância a caminho do hospital. Seu primeiro pensamento foi: "Por que não desligam a porcaria da sirene?"

Era como se sua cabeça fosse explodir. Mas no meio daquela viagem insuportável ele recebeu uma mensagem clara.

– Não era a minha hora. Acho que Deus pôs um sentimento de paz no meu coração, garantindo que eu tinha muito mais a oferecer na vida.

Já ouvi dizer que um caubói é um homem que tem coragem e um cavalo. Bom, Steven tem as duas coisas. Tem mais coragem do que a maioria dos montadores de chucros. Muitas pessoas na sua situação poderiam nunca mais querer olhar para um cavalo, mas não Steven. Ele pode não montar mais, mas ainda é um caubói.

– Nós somos feitos disso – disse ele. – Está no meu DNA. Faz parte de mim tanto quanto ter cabelo castanho.

De fato, pouco depois de voltar para casa em Jackson e de meses se recuperando num hospital em Denver, ele foi a um leilão de cavalos, a apenas 80 quilômetros do local do acidente, e comprou um cavalo. Um cavalo velho, calmo e aposentado? Sem chance. Ele comprou um garanhão chucro.

Mesmo na cadeira de rodas, sem se mover, o plano de Steven era criar cavalos de rodeio com o tio.

– Os cavalos foram uma forma de trazer minha vida de volta a algum tipo de normalidade – explicou ele. Um sorriso surgiu e sua voz ficou mais suave enquanto ele recordava. – Aquele garanhão de rodeio era gentil feito um cachorro. Era muito, muito legal. – Steven começou a passar tempo com os cavalos, indo para o pasto em sua cadeira de rodas. – Aprendi muito mais sobre os cavalos apenas os observando nos redondéis do que quando montava neles – disse ele, que ficou fascinado pela linguagem corporal dos animais: a boca, as orelhas, os olhos, o modo como ficam parados. – É possível aprender muito observando os cavalos, e não somente sobre cavalos. Quando a gente começa a relacionar isso com a experiência humana, vê que todo mundo pode aprender algo naquele redondel.

Steven transformou uma situação desafiadora em algo bom mais do que qualquer pessoa que já conheci. Nunca o vi expressar amargura ou arrependimento. Ele diz que, desde o instante em que acordou naquela ambulância, nunca se sentiu ressentido com o que aconteceu – nem com o cavalo que o machucou.

– Ele só estava fazendo o trabalho dele!

Steven chega a brincar dizendo que "quebrar meu pescoço me custou 150 pratas". Segundo ele, o acidente foi "um calombo na estrada. É algo que vou superar". A princípio ele tinha certeza de que a superação significaria andar de novo, mas aos poucos ficou claro que isso não aconteceria. Agora ele se ajustou para superar outros percalços.

– Superei boa parte da paralisia. A princípio não conseguia mexer nada, mas agora recuperei a maior parte da sensibilidade. Consigo mexer bastante o braço direito.

Além disso ele aprendeu a operar um computador com a voz.

Steven é uma das pessoas mais inspiradoras que conheço. Eu me sinto muito honrado em ser suas mãos e seus pés quando se trata de treinar seus potros. Mas hoje em dia ele tem menos tempo para seus amados cavalos. Tem passado muitos dias longe dos espaços abertos de Wyoming, que ele chama de lar. Seguido de perto por seu dedicado cachorro, Walter, ele manobra sua cadeira de rodas em volta de um pequeno alojamento para estudantes em Laramie, Wyoming, onde está fazendo um doutorado em direito e um mestrado em recursos ambientais e naturais.

– Achei que era hora de estudar – disse ele.

Quando perguntam o que ele planeja fazer depois de se formar, Steven mantém a mente aberta.

– Aprendi a não colocar todos os ovos num único cesto – refletiu ele, sem qualquer traço de amargura na voz. – Vamos ver aonde a vida me leva.

Conhecendo Steven, não tenho dúvida de que ele continuará evoluindo.

CAPÍTULO DEZ

Não tenha medo de mexer os pés

~

Quando você perder, não perca a lição.

— Ditado de caubóis

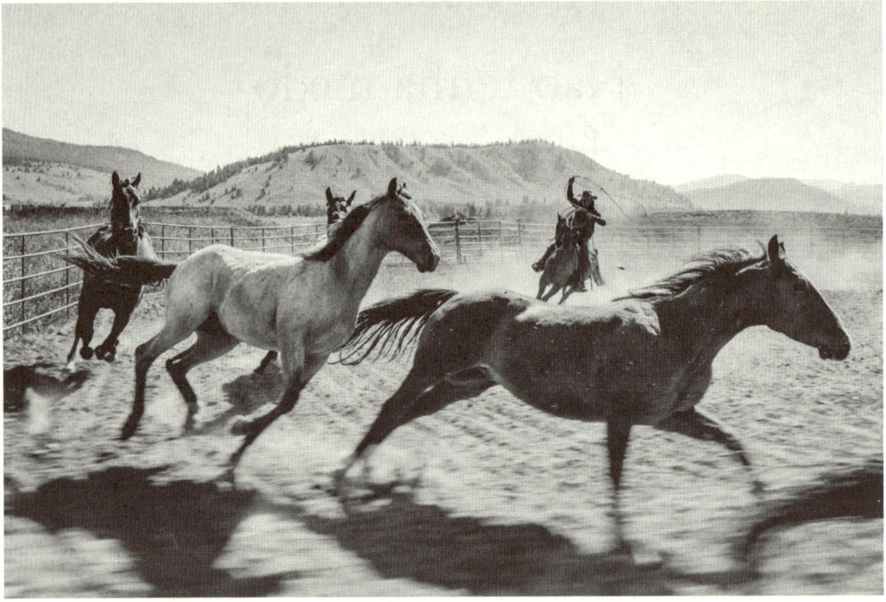

— Quem está disposto a ir pegar uns cavalos?
Os executivos em volta do redondel não pareciam nem um pouco dispostos, o que não foi uma surpresa, afinal aquelas pessoas trabalhavam numa empresa de tecnologia e não estavam exatamente acostumadas a lidar com animais grandes. Suas expressões iam da empolgação até o desconforto e o medo.

Íamos começar um novo exercício: cada indivíduo entraria no redondel e tentaria colocar um cabresto em um cavalo. Provavelmente teriam gostado de receber algumas dicas antes: de que maneira o cabresto é posto, que extremidade do cavalo é considerada zona de perigo, esse tipo de coisa. Mas ao falar com CeCe Morken, a líder da equipe com a qual eu estava trabalhando naquele dia, tínhamos concordado que eu não daria nenhuma instrução. CeCe queria que os membros da sua equipe deduzissem sozinhos. Mais do que isso, queria que eles fracassassem.

Era a quarta vez que eu encontrava CeCe, na época vice-presidente executiva do Intuit's Strategic Partner Group. Na primeira vez, ela fazia parte de um grupo de líderes que havia ganhado uma viagem à fazenda de um sujeito em Montana. Eles me levaram até lá para fazer uma demonstração, e CeCe claramente adorou as lições e as levou a sério. Ela me pareceu uma líder profundamente ponderada e empática. Pouco tempo depois, ela me convidou para ir à sede da empresa em Fort Worth para outra sessão. E agora tinha trazido sua equipe à fazenda para um dia de exercícios intensivos.

Não fazemos esse tipo de trabalho aprofundado com todos os grupos, mas adoro quando as pessoas optam por não somente me olhar treinando um cavalo, mas também entrar no redondel e viver a experiência em primeira mão. A filosofia ganha um novo fôlego quando você precisa colocá-la em prática. CeCe e eu tínhamos trabalhado juntos num plano para o dia, com uma série de exercícios destinados a desenvolver confiança na equipe.

Um dos princípios que impressionaram CeCe a partir dos nossos primeiros contatos foi a ideia de que os erros e os fracassos são essenciais para a aprendizagem.

– Estamos tentando mudar nossa cultura para recompensar não apenas os sucessos, mas também as pessoas que não têm medo de correr riscos, mesmo se fracassarem – disse ela. – Estamos tentando dar um pouco mais de autonomia e queremos que as pessoas saibam que, se tropeçarem, isso não é um grande problema. Assim elas aprendem melhor. O fracasso pode levar ao aprendizado, e queremos que as pessoas sejam do tipo que "aprende tudo", e não do tipo que "sabe tudo".

CeCe sabia que não basta dizer que não há problema em cometer erros ou fracassar. O próprio líder precisa demonstrar que concorda com isso – motivo pelo qual ela estava disposta a ser a primeira a tentar pegar um cavalo naquele dia. Se as pessoas se sentirem julgadas ou ridicularizadas ao cometer erros, terão medo de tentar, mesmo se o líder disser que não há problema. Por isso, CeCe queria que sua equipe trabalhasse diretamente com os cavalos e que todos fizessem isso diante dos colegas.

– Quero que as pessoas se sintam confortáveis em situações nas quais nunca estiveram, porque aprender é uma prioridade para mim – disse ela enquanto olhávamos para os cavalos no redondel.

Bom, pensei, observando o grupo de executivos parados desajeitadamente junto da cerca, *eles certamente vão aprender um bocado hoje – e alguns provavelmente também vão fracassar*. Destranquei a porteira do redondel, segurei um cabresto e perguntei:

– Quem quer ir primeiro?

Os executivos foram divididos em equipes. Uma pessoa de cada equipe entraria no redondel, escolheria um cavalo na manada, colocaria o cabresto e o levaria até um redondel. Os membros da outra equipe podiam dar sugestões, junto à cerca. A equipe que levasse todos os cavalos primeiro e estivesse pronta para ir trabalhar seria a vencedora.

Os primeiros voluntários se apresentaram e pegaram os cabrestos. Observei uma mulher entrando no redondel. Ela começou a estalar os dedos e a língua para o cavalo – um bom modo de convencê-lo a se afastar, em vez de ficar imóvel e ser apanhado. E foi exatamente isso que ele fez. Um sujeito grande e confiante da outra equipe tentou uma abordagem diferente. Foi direto até a cara de um cavalo, segurando o cabresto com as duas mãos, como se esperasse que o animal simplesmente enfiasse o focinho nele. O cavalo, confuso e um tanto ofendido com essa abordagem, virou a cabeça e se afastou. Outro sujeito se agachou no chão, como você faria com um cachorro, chamando o cavalo:

– Vem cá, meu garoto. Aqui, aqui.

O cavalo não se mexeu.

Os outros membros da equipe junto à cerca riram das tentativas dos colegas, mas em pouco tempo pararam de rir e começaram a dar sugestões. Depois de alguns deles tentarem pegar um cavalo, eles perceberam que não seria tão fácil. As equipes começaram a trabalhar juntas, e a pessoa que estava no redondel já não se sentia tão exposta e idiota. Elas deduziram como se aproximar do cavalo por um lado, ficando dentro do campo de visão natural dele. Aprenderam a segurar o cabresto baixo para não assustar o animal e lentamente passá-lo por cima do focinho e amarrá-lo. Finalmente uma equipe irrompeu em aplausos quando conseguiu pôr o cabresto em seu último cavalo e o levou ao redondel. Mas em vez de fazer uma pausa e comemorar, a equipe vencedora ficou perto da cerca. Um último cavalo estava resistindo a todas as tentativas de captura. Assim, esquecendo-se da competição, todo mundo – os vencedores e os outros – começou a dar sugestões e a encorajar o último membro da equipe que estava tendo dificuldade para colocar o cabresto no seu cavalo. Com o apoio dos colegas, a mulher também terminou a tarefa.

Se ele estiver se virando, está aprendendo

Quando um cavalo cometer um erro ou falha num teste porque está com medo ou se sentindo inseguro, não o castigue pelo erro – se eu fizesse isso, ele associaria o erro ao castigo e teria menos probabilidade de tentar outra vez. A última coisa que eu quero é imobilizá-lo no medo de ser corrigido. Quero que ele continue movendo os pés para tentar de novo, procurar a resposta e continuar tentando.

Digamos que eu esteja tentando fazê-lo pisar numa grande lona laranja. É um objeto amedrontador, desconhecido, que farfalha ao vento. Ele está solto no redondel, por isso lhe dou a liberdade de escolha. Não o arrasto para cima da lona nem o obrigo a ficar ali, mas facilito a coisa certa e dificulto a errada. Coloco pressão nele com minha bandeira – fazendo-o se mover mais depressa sempre que estiver se afastando da lona e liberando a pressão quando ele se aproxima dela. Mesmo assim ele empaca, bufando, e se vira para longe do objeto desconhecido. Alguns treinadores de cavalos podem castigá-lo por fazer a escolha errada, tentando fazê-lo passar por cima da lona, contra a vontade.

Não é o que eu faço. Mas também não desisto. Em vez disso, trabalho com ele para um lado e para outro na frente da lona, mantenho-o se virando em direção ao seu medo mas permitindo que ele se afaste quando está perturbado demais, e volto depois de alguns passos. Nesse processo ele está aprendendo a ser habilidoso e mais rápido com os pés. Se ele estiver tentando, não pressiono mais. Essa é a hora de liberar. Tudo bem sentir medo, mas o importante é continuar tentando encarar o medo – virando-se para ele de novo e de novo – até superá-lo. Se o cavalo estiver se virando, está aprendendo.

Já vi alguns dos melhores cavalos e pessoas importantes na minha vida se virando e aprendendo sem medo. Eles sabem que não precisam acertar na primeira tentativa e não têm medo de parecer idiotas. Conseguem continuar se movendo, tentar uma coisa diferente, abordar o problema por outro ângulo, tentar de novo.

Todos cometemos erros. Os fracassos fazem parte da vida e são essenciais para aprender e crescer. O fracasso só significa que você descobriu o que não funciona. Quando um cavalo jovem está sendo treinado, comete muitos erros. Isso faz parte da sua jornada. Ao permitir que ele procure e faça escolhas sozinho, você o está encorajando a deduzir as coisas. Cedo ou tarde ele aprende que não funciona evitar a lona ou a travessia do rio ou a estrada que leva para longe do celeiro.

Vejo a coisa do seguinte modo: enquanto o cavalo estiver disposto a mover os pés, está indo na direção certa. Ao se mover e assumir riscos, ele está aprendendo o que é certo ou o que não é certo. De qualquer modo, isso é progresso.

Se você nunca falha nem comete erros, está jogando de modo tão seguro que praticamente não está vivendo. É como dizem: se você ainda não caiu de um cavalo, é porque não cavalga há tempo suficiente. As pessoas e os cavalos costumam empacar porque não querem cometer erros. Param de mover os pés e de ir em direção ao seu destino. Pela minha experiência, existem dois motivos para isso: ou estão com medo ou são orgulhosos.

O orgulho e o medo podem parecer coisas muito diferentes, mas têm o mesmo resultado: você para de se mover, para de aprender e para de crescer. O orgulho diz: "Não preciso me mover." O medo diz: "Tenho medo de me mover." Se um cavalo não quer mover as patas, não posso ensiná-lo. Quero um cavalo que se disponha a continuar em movimento – desse modo eles são mais fáceis de ser treinados. Como Ray Hunt costumava dizer: "Se você quer um cavalo que não se mova, arranje um cavalete!" É preciso coragem e humildade para experimentar coisas novas, cometer erros e não desistir. Se não sentirmos a liberdade para fracassar, jamais tentaremos. Se não tentarmos, nunca faremos progresso.

O medo do fracasso pode impedir você de avançar e fazê-lo perder muitas oportunidades. Enquanto eu crescia, vi isso acontecer com o meu pai. Ter sido criado durante a Grande Depressão e viver numa época tão difícil gerou um medo profundo que ele jamais superou. Ele teve várias oportunidades de comprar propriedades que o tornariam um homem rico. Na época ele até sabia disso, mas não conseguia superar o medo de cometer um erro. Lembro-me de vê-lo sempre em conflito. Ele queria desesperadamente correr o risco, mas sempre se convencia a não fazer isso. Como tantos cavalos com os quais trabalhei, ele ficava paralisado pelo pânico e com medo de se mover. Olhando para trás, vejo que cada um daqueles investimentos teria sido bom.

Essa filosofia de permitir que o cavalo tenha autonomia para explorar, cometendo erros e aprendendo com eles, tem tido um efeito profundo na minha vida. Agora, quando fracasso, não levo isso tão a sério e tento descobrir a lição que há por trás. Alguns erros e fracassos são pequenos e inconsequentes. Outros são grandes e capazes de alterar a vida. Já cometi muitos, dos dois tipos, e agradeço por todos. Como os cavalos com os quais trabalhei, aprendi a mover os pés quando estou paralisado pelo medo, pela vergonha ou pelo desconforto. Durante o caminho passei a entender que o fracasso é essencial para o progresso. Frequentemente digo a mim mesmo:

"Vou cometer erros, e tudo bem. É assim que aprendo. Me dou permissão de fracassar. Recuso-me a me censurar por esse motivo e não vou deixar que ninguém faça isso."

Também me lembro de algo que meu querido amigo Jeremy Morris, cuja história contei no início deste livro, me disse recentemente: "O fracasso não é definitivo."

Jeremy cometeu alguns erros bem ruins e passou por muitos momentos em que sentiu que tinha fracassado completamente. O que ele percebeu, como me disse, é que "de algum modo, na nossa sociedade, nós nos convencemos de que o fracasso é definitivo.

Morremos de medo de cometer erros, e quando isso acontece, sentimos tanta vergonha que paramos de tentar. Mas o fracasso não é definitivo. Você sempre pode voltar e trilhar um novo caminho". Na história de Jeremy, como na minha, isso foi provado repetidamente. Ainda fico pasmo ao ver como a vida costuma dar certo quando ouvimos nosso coração e continuamos movendo os pés.

Observe, faça, reflita

Naquela tarde, na fazenda, continuei trabalhando com o grupo de líderes de CeCe Morken. Depois da experiência com o cabresto, passamos para um exercício em que o objetivo era conseguir que um cavalo solto "se juntasse" a eles e seguisse uma pessoa no redondel. De novo, os executivos precisavam entrar um de cada vez. Eles recebiam uma bandeira para impelir o cavalo, mas não tinham nenhuma corda para obrigá-lo a segui-los. Como iriam liderar?

Era fascinante ver como algumas pessoas tentavam ser amigas e adular o cavalo, enquanto outras tentavam empurrá-lo e controlá-lo. Nenhuma das duas abordagens funcionava. Com o tempo, elas aprenderam primeiro a impelir o cavalo para longe, estabelecendo respeito e fazendo-o trabalhar duro. Então, assim que o animal começava a virar a cabeça para o grupo, eles precisavam ser rápidos em recompensar esse movimento, liberando a pressão. *Honre a mínima tentativa e a menor mudança.* Eles deduziram qual linguagem corporal era ameaçadora para o cavalo e qual era tranquilizadora e convidativa. Mais tarde CeCe me contou que, após o exercício, muitas pessoas perceberam que lideravam suas equipes da mesma forma que lidaram com o cavalo. Não dá certo tentar ser amigo de todo mundo. Mas também não dá certo ficar mandando nas pessoas.

Fiquei quieto novamente durante a maior parte do exercício, sem oferecer instruções, apenas permanecendo no redondel para garantir que ninguém se machucasse. As pessoas precisam da autonomia para fracassar sem que algum suposto especialista venha assumir o controle. Quando você sabe fazer alguma coisa, é sempre tentador microgerenciar: assumir uma tarefa quando vê alguém com dificuldade. Às vezes, temos boas intenções ao fazer isso – impedir que a pessoa fracasse ou passe vergonha. Ou talvez só queiramos conter algum dano. Mas quando um líder toma essa atitude, passa a mensagem de que ele não confia no seu pessoal e que o fracasso é inaceitável. Por sua vez, as pessoas pegam pesado consigo mesmas quando cometem algum erro. Um líder sábio precisa ser sensível a isso. Você precisa comparar o dano potencial com o que se pode ganhar.

Uma vez tivemos um ótimo empregado chamado Keith, mas no início ele era desajeitado, cometia muitos erros e dava passos em falso. Uma coisa é fazer isso quando você está de pé no chão firme; outra muito diferente é quando está dirigindo uma retroescavadeira. Lembro-me de ouvi-lo dentro do celeiro, batendo com a retroescavadeira nas baias. Eu só queria entrar correndo e assumir o controle, ou pelo menos me aproximar para que ele soubesse que eu estava olhando. Mas logo percebi que, quando eu estava supervisionando, ele ficava mais nervoso ainda e tinha mais probabilidade de errar. Por isso eu não me metia, permitindo que ele descobrisse como fazer as coisas sozinho. Logo as pancadas pararam e a confiança de Keith cresceu consideravelmente. Ele trabalhou para nós por mais nove anos e se tornou um dos empregados mais produtivos e leais da fazenda.

Se tivermos medo de fracassar porque sabemos, pela experiência, que nosso chefe irá assumir o controle, cedo ou tarde pararemos de tentar. E, quando paramos de tentar, paramos de aprender e crescer. Como outro líder com quem já trabalhamos, Jim Conroy, o CEO da Boot Barn, costuma dizer: "Se um CEO grita, as pessoas congelam. Dê a elas espaço para pensar com clareza. Se você as sufoca, elas jamais assumirão riscos de novo e você irá microgerenciá-las para sempre."[4]

CeCe tinha pensado bastante em como trabalhar com sua equipe. Queria que as pessoas experimentassem as coisas por si mesmas, fracassassem, tentassem de novo e refletissem sobre o que tinham aprendido. Com muita frequência, enquanto seguimos com nossa vida ocupada, não fazemos uma pausa para pensar nas lições com as quais nos deparamos. Quando cometemos um erro ou tropeçamos, nossa preocupação principal é voltar a ficar de pé e sacudir a poeira rapidamente, esperando que ninguém tenha notado. Podemos aprender mais se tirarmos um momento para ficar sentados no chão pensando em como fomos parar ali. A aprendizagem pode transformar um fracasso em sucesso.

Para encorajar a reflexão e o aprendizado, a equipe de CeCe recebeu cadernos com capas de couro, e fizemos com que eles os marcassem com um ferro em brasa. Foi dado um tempo para as pessoas pensarem, escreverem e se reunirem em volta da fogueira no fim do dia para compartilhar e discutir ideias. James Helms, na época vice-presidente de projetos, disse que o projeto do dia foi uma lição poderosa.

– Observe, faça, reflita – diz ele. – Se você não sabe o que está fazendo, observe alguém fazer, depois tente. E em seguida certifique-se de que absorveu as coisas que aprendeu.

Alguns meses depois, perguntei a CeCe o que sua equipe tinha aprendido naquele dia, e ela resumiu em duas palavras: humildade e confiança.

– A princípio – disse ela –, quando a gente entra naquele redondel, é intimidante demais, porque todo mundo está olhando. E você sabe que o cavalo pode fazer você de idiota. Ele pode ir na direção oposta e envergonhar você. – Mas quando as pessoas percebiam que seus colegas não estavam rindo, isso mudava o jogo completamente. – O que você acaba vendo é que os membros da sua equipe o estão encorajando e que eles respeitam o fato de que você entrou no redondel. – Isso criou um elo de confiança. – Eles aprenderam que não há problema em mostrar quem eles são. Eles sentem o apoio dos colegas. – Esse sentimento foi traduzido no trabalho. – Se eles se sentem vulneráveis porque estão para lançar um novo produto ou porque disseram que iriam entregar alguma coisa e agora percebem que não podem, sabem que não há problema em pedir ajuda.

Fiquei pasmo ao ver quantos aprendizados os executivos tinham tirado daqueles exercícios simples absorvendo lições que eu não previra – na verdade, senti que eu é que estava aprendendo com as reflexões deles.

Helms pontua como o fato de estarem num local que não lhes era familiar teve um efeito nivelador na equipe. Ninguém era especialista em cavalos.

– Tínhamos uma enorme quantidade de gente esperta da cidade, por assim dizer. Isso deixou as pessoas numa situação desconfortável. E esse sentimento de desconforto realmente fez com que os conceitos fossem absorvidos. Não existe maneira melhor de aprender do que ficando muito desconfortável. E existem poucos lugares que deixam a gente mais vulnerável do que ao lado ou em cima de um animal de 500 quilos. Era como se tivéssemos permissão para ser tremendamente humildes com relação a isso.

Ele também refletiu sobre como a experiência fora valiosa para pessoas que se sentiam mais confortáveis lidando com números e planilhas previsíveis, controláveis, do que com animais imprevisíveis que não tinham sido domados.

– Eles sabem fazer contas – disse ele –, mas pessoas acostumadas a olhar para planilhas de Excel precisam pensar de modo diferente para administrar uma equipe.

Trabalhando com cavalos, elas aprenderam a se concentrar em desenvolver relacionamentos e energia positiva.

Mais tarde CeCe me contou que uma funcionária da equipe ficou tão motivada com a experiência que decidiu mudar de cargo – passando de uma função técnica para uma de desenvolvimento de negócios, uma área em que nunca tinha trabalhado. Naquele dia, ela chegou aterrorizada à fazenda, mas foi embora sentindo-se confiante e cheia de energia.

– Isso me mostrou que existem coisas que eu posso fazer e que não imaginava que poderia – disse a mulher a CeCe.

Outro membro da equipe, Rajneesh Gupta, na época vice-presidente e diretor de atendimento ao cliente, ficou pasmo ao ver como os cavalos demonstravam o que sentiam com relação às pessoas.

– Os seres humanos são muito bons em esconder o que pensam. Mas com os animais você tem a resposta imediatamente, a partir das reações deles. O cavalo sabe o que é um espaço seguro. Isso também acontece numa organização. Você pode tentar esconder algumas coisas, mas os membros da equipe sabem quando você realmente gosta deles. Isso me ensinou o poder de ser uma pessoa genuína, honesta. Liderar não tem a ver com forçar os outros a fazer as coisas que você quer, e sim com criar um espaço saudável e ter humildade para que os outros permitam que você os lidere.

No último exercício do dia com a equipe de CeCe, fizemos todos os executivos montarem em seus cavalos. Eles tinham montado na arena durante um tempo, aprendendo o básico para se comunicar com os cavalos, direcionando-os, começando a andar e parando. Eu montei em Freckles, fui até lá e abri a porteira.

– Vamos transportar um pouco de gado – falei, apontando para o pasto aberto.

Eles pareceram surpresos e um tanto apreensivos de sair da segurança do redondel. Mas pegaram as rédeas e me seguiram. A maioria parecia disposta a encarar um novo desafio – e sem dúvida aprender algumas novas lições no caminho.

Existe pouco crescimento dentro da zona de conforto

Na minha experiência, aprendi algumas das maiores lições a partir do desconforto. Já ouvi dizer que existe pouco crescimento na zona de conforto e pouco conforto na zona de crescimento, e acredito que é verdade. Na hora podemos não gostar, e nem sempre podemos escolher essa situação se tivermos opção, mas, quando olhamos para trás, podemos ver quanto aprendemos por conta disso. É um dos paradoxos da vida. Às vezes olhamos para um erro ou fracasso do passado e desejamos ter feito alguma coisa diferente. Cometi alguns erros pelos quais eu daria tudo para voltar no tempo e ter uma chance de corrigi-los. Mas ao mesmo tempo agradeço o aprendizado. A partir de alguns dos meus erros mais trágicos aprendi lições que jamais esquecerei nem lamentarei.

Não tenha medo de mover os pés. Parece uma ideia simples, mas, quando sentimos medo ou vergonha, é fácil esquecê-la. Se você não mover os pés, terá menos chances de cometer erros, mas não chegará a lugar nenhum e não aprenderá nada.

É uma lição que tentei compartilhar não somente com os cavalos, mas também com os meus filhos e os de Jane. Luke, o filho mais velho de Jane, acha que a ideia de aceitar os riscos, os erros e os fracassos é revolucionária.

– Quando você tem dificuldades na vida – diz ele –, pode parecer que a melhor estratégia é jogar com segurança, não correr o risco de se machucar de novo, mas isso também o impede de crescer, de se arriscar e de se desenvolver, por isso você acaba perdendo um bocado das coisas boas.

Luke teve muitos momentos difíceis quando era criança. Viu a mãe passar por dois divórcios, mudou de casa várias vezes e presenciou um incêndio devastador que destruiu tudo que a família possuía. Ele já conhecia muito bem a perda quando eu entrei em cena. Assim, não era surpresa que ele fosse um rapaz resguardado que hesitava em confiar em outra figura paterna. Como ele disse:

– Depois de tantas coisas dando errado, eu só queria me sentir seguro. Além disso, sentia que eu era a única rede de proteção para minha mãe e meu irmão. Não podia me dar ao luxo de cometer erros.

Mas, com o tempo, Luke começou a baixar a guarda e a correr riscos de novo – e ele diz que aprendeu ao ver como os cavalos são capazes de continuar movendo as patas e trabalhando para superar as coisas.

– Comecei a me permitir entrar no espectro do risco, tentar coisas que pareciam fora do meu alcance. E dizia a mim mesmo: "Se isso não funcionar, você pode simplesmente se permitir aceitar que o fracasso e as adversidades fazem parte do crescimento."

Essa é uma atitude que levou Luke de Wyoming até Harvard, onde foi o primeiro aluno da escola Jackson Hole a ser aceito – e com uma ótima bolsa de estudos. Ele fez carreira em algumas das mais prestigiosas empresas de investimentos de Wall Street e está constantemente buscando novos empreendimentos.

– Eu simplesmente continuei me movendo, saindo da zona de conforto, e um dia olhei para trás e fiquei pasmo ao perceber até onde tinha chegado – reflete ele. – Se você ficar paralisado por causa do medo, acaba criando um hábito. Quando você se dispõe a correr riscos, o oposto também pode virar hábito. Não sei se acaba ficando fácil, porque sempre há alguma coisa na vida que lhe dará medo. Mas, para mim, isso é um bom sinal. Se a vida não for um pouco amedrontadora, talvez você só não esteja se arriscando o suficiente. É como o velho ditado de caubóis: "Se você ainda não caiu de um cavalo, é porque não cavalga há tempo suficiente."

Novos pastos, novos desafios

Quando CeCe Morken saiu da fazenda com sua equipe, não sabia quais novos pastos a estariam esperando logo além do horizonte. Mas pouco mais de um ano depois ela assumiu uma função totalmente diferente em uma nova empresa, enfrentando desafios e mudanças sem precedentes. No início de 2020, saiu da Intuit e entrou na Headspace Inc., uma desenvolvedora de aplicativos de meditação com milhões de usuários e uma grande missão: aumentar a saúde e a felicidade do mundo. Apenas algumas semanas antes de ela assumir oficialmente o novo cargo como COO, a saúde e a felicidade do mundo tiveram uma reviravolta dramática com a disseminação da covid-19. Além dos desafios que uma nova função proporciona, ela precisou lidar com adversidades totalmente inesperadas, como liderar sua nova equipe virtualmente; apoiar membros fazendo trabalho remoto nesse ano extraordinariamente difícil; e usar a tecnologia da empresa para ajudar as pessoas e as comunidades diante dos impactos de saúde mental causados pela pandemia. Além disso, depois que assuntos relacionados à justiça social ganharam destaque nos locais de trabalho em todos os Estados Unidos, ela, assim como muitos líderes, precisou encarar conversas desconfortáveis, mas essenciais. As lições que tinha aprendido na fazenda – *Não tenha medo de mover os pés; se você tem medo de cometer um erro, jamais irá aprender; o fracasso só significa que você descobriu o que não fazer* – ganharam um significado mais profundo.

– Na conversa sobre justiça social – diz ela –, precisei aceitar a vulnerabilidade de ouvir a experiência de uma pessoa e admitir: "Não sei tudo isso." Eu me levantei diante de uma organização e disse: "Preciso fazer melhor." E sei que nem sempre vou encontrar as palavras certas e que vou cometer erros, mas quero aprender.

Esse tipo de vulnerabilidade também a fez repensar a missão da empresa e a motivou a criar um espaço para todas as pessoas se sentirem confortáveis para abordar temas sensíveis sobre saúde mental no local de trabalho, admitir que estão tendo dificuldades quando estão sobrecarregadas ou quando precisam de mais espaço e apoiar umas às outras na tentativa de tornar o ambiente saudável, assim como os membros da sua equipe na fazenda apoiaram uns aos outros ao colocar os cabrestos nos cavalos.

Apenas seis meses depois de entrar para a Headspace, CeCe foi promovida a CEO. E, assim que as circunstâncias permitirem, ela planeja trazer sua nova equipe à fazenda para um dia de aprendizado, fracassos e mais um pouco de aprendizado.

– Trabalhar com cavalos é um ótimo equalizador – diz ela. – Em qualquer equipe existem diferentes pontos fortes e capacidades; dons e dificuldades. Num contexto empresarial, às vezes determinadas pessoas se destacam com uma presença realmente forte: são articuladas e extrovertidas. Outras podem ficar na sombra porque são mais introvertidas. Mas a fazenda é um local totalmente diferente porque todo mundo está aprendendo algo novo e cada um passa a apreciar os outros de outra forma. Todo mundo está aprendendo sobre liderança servidora. Todo mundo está aprendendo humildade. Todo mundo precisa ganhar o respeito do cavalo antes que o cavalo faça alguma coisa por eles.

Também estou ansioso por sua visita. Quando líderes como CeCe vêm aprender comigo, eu também aprendo com eles. É a beleza desse trabalho e dessa vida: todos estamos nos virando e aprendendo, juntos.

CAPÍTULO ONZE

Todo cavalo precisa de um propósito

~

O que o homem realmente precisa não é de um estado sem tensões, e sim do esforço e da luta por algum propósito digno. O que ele precisa não é do descarregamento da tensão a qualquer custo, e sim do chamado de um sentido potencial esperando para ser realizado por ele.

– Victor E. Frankl,
O homem em busca de um sentido

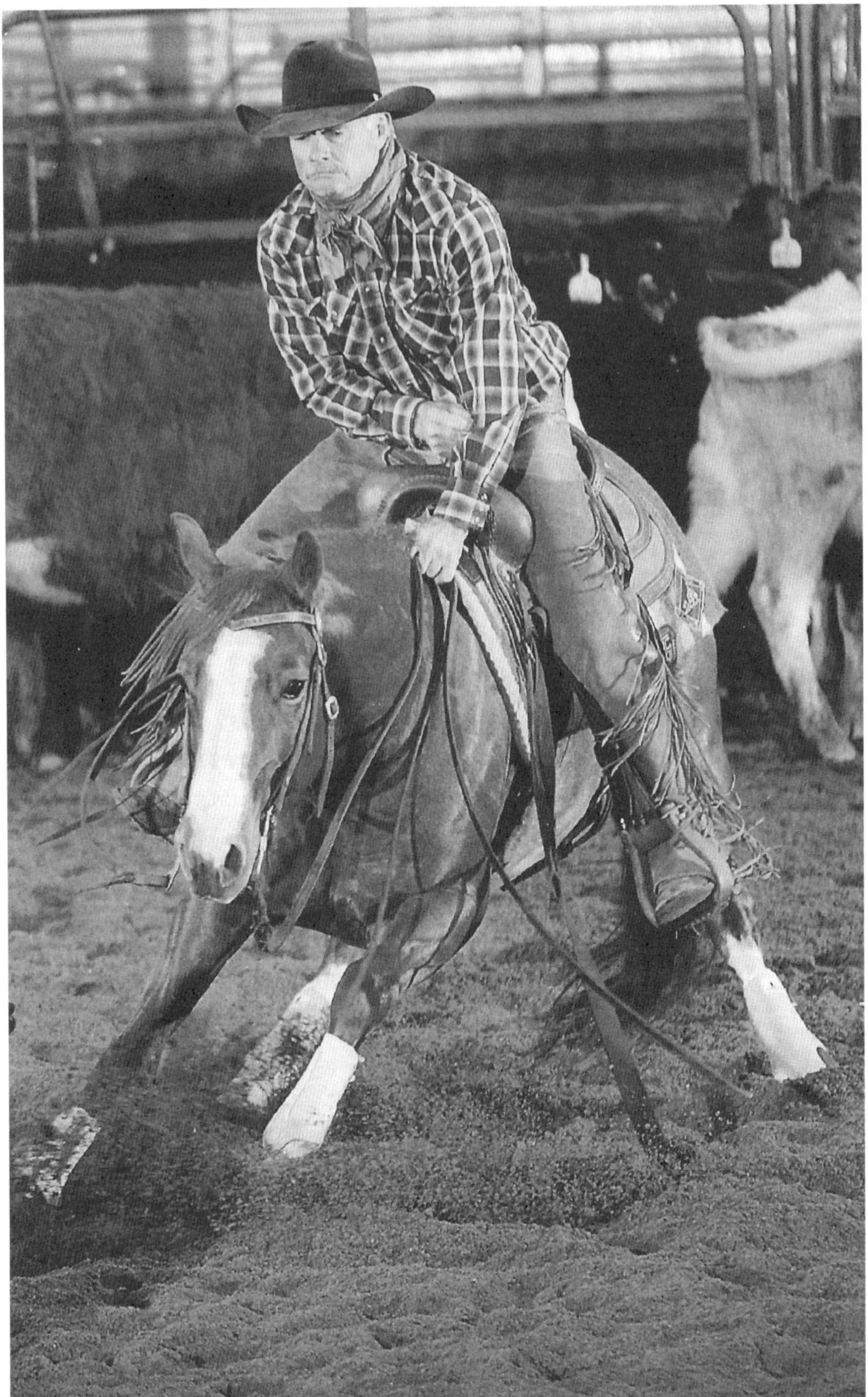

Escutei os mustangues antes de vê-los, empurrando uns aos outros e batendo contra as cercas altas de um redondel pequeno. O cheiro do suor e do medo pairava no ar gelado. Fazia menos de 30 graus num dia de janeiro, e por um breve momento me perguntei o que tinha me levado a dirigir até Montana no meio do inverno para domar um punhado de cavalos selvagens. Mas no momento seguinte me lembrei do motivo para estar ali, e todas as dúvidas se foram. Puxei o chapéu um pouquinho mais para baixo, contra o vento gelado, e atravessei o pátio, ansioso para conhecer meu anfitrião.

Micah Fink era muito mais alto do que eu – barbudo, tatuado e bem agasalhado por causa do frio. Tinha um aperto de mão firme e um sorriso caloroso. Ex-Navy SEAL dos Estados Unidos, Micah é fundador da organização sem fins lucrativos Heroes and Horses [Heróis e Cavalos]. Desde 2013 eles oferecem um programa único que leva veteranos para lugares afastados, a cavalo, e ensina habilidades de sobrevivência, ajudando-os a se reconectarem com um sentimento de propósito. Alguns anos depois de iniciar o programa, Micah percebeu que, se quisesse aumentar o número de inscritos, precisaria de mais cavalos. E não podia se dar ao luxo de comprar montarias gentis, bem treinadas. Assim, teve uma ideia criativa. Sabia que existiam dezenas de milhares de mustangues ali perto, em instalações do Departamento de Administração de Terras – um problema que o governo federal não sabia como solucionar. Micah percebeu como a situação difícil daqueles cavalos era parecida com a vida de muitos veteranos. Ambos careciam de um sentimento de propósito e de um lugar no nosso mundo. Por que não adotar alguns cavalos selvagens para fazer parceria com os veteranos em seu programa?

O plano era treinar os cavalos do mesmo modo como ajudava os veteranos: "cobrindo terreno". Ele sonhava em levar os mustangues numa jornada de 800 quilômetros pelas regiões desérticas do Novo México e do Arizona e fazer um documentário sobre a viagem, assim mais pessoas poderiam aprender sobre o que ele chama de "história do cavalo e do ser humano sem propósito". Mas, antes que ele pudesse partir, os mustangues precisavam ser amansados o suficiente para carregar um cavaleiro ou uma carga. E era aí que eu entrava. Junto com outros dois treinadores, cheguei a Montana em janeiro de 2017 para ajudar Micah e sua equipe a se preparar para a jornada épica.

Cada treinador foi posto numa parceria com um membro da equipe da Heroes and Horses. Fui designado para ficar com Micah. Juntos fomos ao redondel escolher o cavalo que ele iria treinar e montar. Mais de uma dúzia de mustangues se apinhavam contra a cerca do lado oposto, chocando-se uns contra os outros e contra os painéis de metal, desesperados para ficar o mais longe possível de nós. Era um grupo resistente, com pelos ásperos, cicatrizes de batalha e espíritos ferozes e indomados. Esses cavalos tinham passado a maior parte da vida correndo soltos no deserto de Nevada antes de serem arrebanhados e ficarem presos durante os últimos meses numa instalação no Oregon. Os que Micah havia escolhido tinham entre 2 e 4 anos – suficientemente maduros para carregar um cavaleiro, mas não a ponto de serem impossíveis de treinar.

Observando o corpo musculoso do meu novo amigo com mais de 1,90 metro de altura, apontei para o maior cavalo da manada – seu pelo era castanho-escuro, com crina embolada cor de linho, como a cauda, e uma faixa branca e torta descendo pela cara.

– Esse sujeito parece dar conta do recado. Ele tem ossos capazes de carregar você.

Micah assentiu, sinalizando a disposição de aceitar qualquer coisa que eu sugerisse. Fiquei surpreso com sua atitude tranquila. Esse homem havia comandado tropas em combate. Tinha ficado cara a cara com a morte e participado de missões que eu nem poderia imaginar. Parecia muito determinado, mas ao mesmo tempo humilde e disposto a aprender. Eu estava ansioso para trabalhar com ele – e conhecer sua história.

A pressão revela o propósito

Micah tem uma tremenda história, e ela começa num lugar incomum: em cima de um poste telefônico no Queens, em Nova York. Ele e um amigo tinham uma empresa que instalava cabos de internet de alta velocidade. Por isso ele estava a 6 metros do chão numa manhã de setembro quando olhou para o horizonte do centro da cidade e viu uma enorme nuvem de fumaça. Micah e seu amigo desceram do poste, pularam no carro dele e partiram em direção à fumaça. Pararam a cerca de 1,5 quilômetro do centro e começaram a correr. Multidões cobertas de poeira passavam por eles, indo na outra direção. Lutando para respirar, os dois arrancaram as mangas das camisas para criar máscaras improvisadas e começaram a subir os destroços das Torres Gêmeas, procurando sobreviventes. Naquele dia, Micah viu horrores que jamais esquecerá. Quando a Torre 7 caiu, por pouco ele não foi enterrado sob os entulhos.

Por fim, enquanto o sol nascia em 12 de setembro de 2001, os dois rapazes saíram cambaleando do Marco Zero e foram até o rio Hudson. Encontraram uma carrocinha de pães virada e conseguiram pegar algo para comer. O amigo de Micah se virou para ele e perguntou: "O que vamos fazer?"

– Naquele momento eu tinha duas opções – diz Micah. – Ou aceito isso ou não aceito... Eu não era ninguém especial, era só um garoto do interior do estado de Nova York que tocava bateria numa banda de ska e subia em postes telefônicos para ganhar a vida. Mas naquela manhã decidi que iria fazer alguma coisa diferente.[5]

Sentado ali, coberto de poeira e terra e dominado pela magnitude do que tinha acabado de testemunhar, ele tomou uma decisão que mudou sua vida: entraria para o serviço militar. Tinha apenas 21 anos. Completou o dificílimo programa para se tornar Navy SEAL e mais tarde empreiteiro de defesa paramilitar. No todo, cumpriria 13 períodos de combate e passaria mais de 1.100 dias em zonas de combate nos quatro anos seguintes. Saltou de aviões, pilotou submarinos e arriscou a vida diversas vezes. Mas o maior desafio que enfrentou foi voltar para casa.

Como tantos veteranos, sentiu-se perdido.

– Quando fui dispensado, só queria ir para casa, mas quando cheguei em casa queria voltar para lá.

Ele tinha uma boa vida em casa, mas o combate o havia mudado drasticamente, e Micah não sabia como se encaixar de novo. A desconexão era enorme demais.

– Um dia eu era ponta de lança numa unidade de combate de Operações Especiais; no outro estava num supermercado segurando salgadinhos de cheddar e um pé de alface – disse ele. – Não conseguia me reconectar. Isso faz a gente se sentir desolado e sozinho.[6]

Como tantos outros veteranos, Micah foi diagnosticado com transtorno de estresse pós-traumático. Mas seus instintos lhe diziam para não tomar os remédios prescritos por um estudante de medicina de jaleco branco no hospital de veteranos. Em vez disso, começou a procurar desafios, como uma viagem de seis semanas de canoa pelo rio Amazonas. Na selva, acompanhado apenas por um guia que não falava inglês, Micah se sentiu mais ele mesmo. Não tinha tempo para pensar em nada além da sobrevivência. Essa experiência o fez perceber o valor da pressão e da intensidade. Sob pressão, aprendemos quem somos. A pressão "arranca as camadas", como ele diz, "nos levando de volta para o básico do que significa sermos humanos e sermos nós mesmos".

De volta em casa, Micah começou a aprender sobre a comunidade dos veteranos. O que descobriu o deixou chocado – o número de pessoas em situação de rua, sem trabalho, viciados e suicidas era simplesmente espantoso.

– Aqueles grandes guerreiros reformados estavam tomando comprimidos e se escondendo em casa esperando a chegada do próximo cheque de pagamento pelo correio – contou ele.[7]

Existiam dezenas de milhares de organizações para apoiar os veteranos, e bilhões de dólares eram gastos nesses programas. Mas o problema parecia estar piorando.

– Chegamos a um ponto em que ajudamos as pessoas a morrer, em vez de ensinar como elas podem se ajudar.

Ele não queria ficar preso no que ele descreve como "um ciclo de vício, em que você se apaixona pela identidade de uma situação psicológica", então, em 2013, ele fez as malas e se mudou com a família para Montana.

Numa viagem de carona pelo interior, Micah conheceu um grupo de caubóis e se sentiu atraído pelo estilo de vida deles. Eles o apresentaram aos cavalos, e mesmo sendo "escoiceado, derrubado, arrastado e pisoteado", ele foi impactado.

– Através daqueles obstáculos, comecei a ser dono da minha vida outra vez, e aqueles cavalos se tornaram um espelho, mostrando que os problemas da minha vida eram causados pelo fato de eu não aceitar as lutas. As coisas ficaram mais fáceis e eu comecei a ser dono das minhas escolhas.[8]

O Heroes and Horses nasceu dessas experiências.

– Às vezes o único modo de você encontrar o seu caminho é ajudando outra pessoa a encontrar o dela – refletiu Micah.

Ele reconheceu que os cavalos podem ser uma ferramenta poderosa para ajudar os veteranos a se reconectarem consigo mesmos e redescobrir um sentimento de propósito. De fato, ele brinca dizendo que, quando as pessoas perguntam quantos terapeutas existem em sua equipe, a resposta é 62, porque esse é o número de cavalos que ele tem. Por que cavalos? Porque, como eu disse no primeiro capítulo deste livro, os cavalos nunca mentem. Micah explica esse conceito do seguinte modo:

– Os cavalos evoluíram para ser capazes de sentir intuitivamente as intenções de um predador, e podem senti-las a uma longa distância. Assim, quando um indivíduo trabalha com um cavalo, esse animal sentirá as verdadeiras intenções da pessoa, mesmo que elas não sejam expressas, e ele reagirá a essas emoções. Assim, o cavalo se torna um reflexo da verdade. Esse relacionamento honesto pode ajudar a derrubar todas as mentiras que contamos a nós mesmos, as idealizações sociais, a programação: as camadas que formam nossa identidade. Por exemplo, um sujeito pode chegar à nossa fazenda insistindo que está tudo bem, mas por dentro ele é raivoso, violento e medroso. O cavalo sente isso e reage de acordo. Então o sujeito pode ficar com raiva e culpar o cavalo. Mas não é o cavalo, é ele.

Para Micah, isso explica por que tantos veteranos passam por dificuldades.

– Eu sempre digo às pessoas: "Você não é vítima dessa vida. O que você está vivenciando é consequência das suas escolhas. O cavalo só reflete isso." Quando o indivíduo para de transferir a culpa e começa a se olhar e a ver o impacto que está causando no cavalo, ele pode começar a mudar fundamentalmente. E a lição se torna muito mais poderosa porque não foi dada com palavras. Assim, os cavalos são uma ferramenta para ajudar o indivíduo a parar de culpar os outros e a procurar as respostas do lado de fora, e a perceber que o que ele procura já está dentro de si. Quando você começa a olhar para dentro em busca de respostas, em vez de procurar do lado de fora, encontra um propósito autêntico. E é isso que permite que você supere seus problemas.

O programa de 41 dias do Heroes and Horses inclui treinamento intensivo em habilidades, meditação e alimentação com produtos integrais, uma jornada de 800 quilômetros por regiões afastadas e empregos onde os participantes aproveitam o que aprenderam e usam isso em situações do mundo real. É um programa pensado para ser desafiador, cru e com grande pressão, porque Micah sabe que o que mais o ajudou foram os dias difíceis. Foi a luta que o reconectou com um sentimento de propósito. Ele acha que muitos programas destinados a veteranos são projetados para afastar toda a luta e a dor ou para simplesmente entretê-los com férias e experiências.

– A última coisa de que eu precisava depois de uma carreira bastante intensa em Operações Especiais, realizando missões de elite, era ficar flutuando numa canoa ou assistir ao Super Bowl – disse ele. – É a luta que dá valor à vida.

Desde 2013 o programa tem se mostrado tão transformador que muitos formandos voltam como voluntários ano após ano. Eles continuam recebendo muitas inscrições. Recentemente, a organização sem fins lucrativos comprou uma fazenda de 1.500 hectares em Montana e pretende começar a oferecer programas o ano inteiro, além de expandi-los para incluir socorristas. O que impulsiona Micah e sua equipe todos os dias é saber que a cada 62 minutos um veterano tira a própria vida. E não precisa ser assim.

– O problema não é a guerra – continuou Micah. – O combate não deixa você doente nem provoca uma doença. Sim, é uma experiência traumática e muda você, como qualquer experiência de vida. Mas o verdadeiro problema é o processo que as pessoas encontram quando voltam dessa experiência. Elas foram programadas de um determinado modo: como um garoto que nunca brigou pode ser transformado num guerreiro preparado para matar estranhos num país do outro lado do mundo? Então eles voltam para casa, e essa programação não tem lugar no nosso mundo. Eles precisam ser desprogramados. É isso que estamos tentando fazer no Heroes and Horses.

O propósito está na viagem, não no destino

Fiquei honrado quando Micah me pediu que o ajudasse a preparar os mustangues para sua jornada de 800 quilômetros. Acredito que todo cavalo precisa de um propósito, assim como todo ser humano. Nós precisamos de um motivo para nos levantarmos de manhã. Uma das melhores coisas que podemos fazer por um cavalo ou um ser humano é ajudá-lo a encontrar seu propósito na vida, sua vocação. Eu enxerguei esse projeto como uma oportunidade para fazer exatamente isso.

Às vezes demoramos para descobrir qual é o nosso propósito, e às vezes nosso propósito assume novas formas em diferentes estágios da vida. Podemos passar anos perseguindo uma coisa que achamos que queremos, até descobrir que aquilo não nos satisfaz e nos deixa desapontados. Eu achava que meu propósito era ser um grande jogador de polo. Trabalhava nisso todo dia, aperfeiçoando minha percepção de tempo, minha tacada e minha habilidade como cavaleiro. Fui ficando cada vez melhor. Acabei conquistando sucesso, ganhando muitos torneios de prestígio, inclusive a National President's Cup. Adorei cada minuto daquela temporada. Mas, à medida que o tempo passava, comecei a perceber que jogar polo, e até mesmo me tornar um grande cavaleiro, não era realmente o meu propósito de vida. A realidade é que, não importa o que você alcance, não é possível manter isso para sempre. Sempre há alguém mais novo esperando a vez dele. E, quando você alcança esses objetivos que imaginou que iriam deixá-lo feliz, eles são um anticlímax.

Assim como Micah, descobri meu verdadeiro propósito servindo aos outros. É aí que estão as recompensas e onde o sentimento de satisfação é realmente duradouro. Sinto que o trabalho que eu faço, usando cavalos para demonstrar essa filosofia de vida e liderança, é a minha vocação. Foi para isso que nasci. E os próprios cavalos não estão ali para fazer com que eu pareça bom; é meu trabalho ajudá-los a se tornarem o melhor que podem ser e a ter uma vida boa. O propósito, como passei a entendê-lo, não é um destino distante: um troféu, um número na conta bancária, um título. É um modo de viver.

É o que vejo quando olho nossa border collie, Gracie. Ela vive para trabalhar e trabalha para viver, e sempre fica feliz em fazer o seu serviço. Muita gente passa a vida inteira perseguindo um objetivo, e nesse meio-tempo elas permanecem infelizes. Uma das coisas que sempre admirei nos caubóis é o modo como eles levam uma vida intensa, desfrutando da jornada, mesmo se tudo que eles têm são um cavalo e algumas cabeças de gado.

Micah e o resto da equipe só tinham alguns meses para preparar os mustangues selvagens para a viagem épica. Na primeira manhã nos levantamos enquanto ainda estava escuro, vestimos as roupas mais quentes que pudemos e fomos para os estábulos. Micah e eu tivemos sucesso em separar o grande cavalo castanho do resto da manada, e o colocamos num redondel com cerca alta. Ele não tinha nome, por isso a princípio só o chamávamos por seu número, 399. Então Micah decidiu chamá-lo de Hambone [Osso de Presunto], em referência ao meu comentário sobre seus ossos grandes. Em outras partes da grande arena interna, outros treinadores estavam começando a trabalhar com seus cavalos, cada um usando sua própria abordagem. Mandei Micah subir na cerca. O objetivo era o cavalo criar uma conexão com ele, por isso eu me tornaria a fonte de pressão para ver se o cavalo escolheria Micah como segurança.

Eu já tinha trabalhado com mustangues, por isso sabia que o principal problema seria o medo. Esses cavalos não estão acostumados a ser confinados ou tocados, quanto mais a ser laçados e receber uma sela. Não cresceram perto de pessoas nem viram outros cavalos confiando em humanos. Na mente deles, somos predadores, e sua experiência ao serem apanhados e confinados provavelmente só confirma isso. Seus instintos de sobrevivência estão em alerta máximo, e se você os encurralar, eles podem tentar pular para fora do redondel, daí a cerca alta. Por natureza, os cavalos são claustrofóbicos e não gostam de ficar presos numa área pequena. Precisam aprender a aceitar isso gradualmente, sem força, caso contrário costumam ficar traumatizados. Acredito que a liberdade é importante para todos os cavalos, porém ainda mais para os selvagens. Você precisa lhes dar muito espaço para mover as patas e escapar, se precisarem.

Você já deve ter ouvido falar da reação de "lutar, fugir ou congelar". Se tiverem chance, os cavalos escolherão fugir. E isso já funcionou para eles – foi assim que sobreviveram aos tigres-dentes-de-sabre. Nós, como seres humanos, precisamos permitir que esse instinto de fuga atue – uma coisa que não fizemos direito durante os séculos de relacionamento com os cavalos. Quando acuados e sem saída, os cavalos não têm opção a não ser lutar pela sobrevivência ou congelar de medo.

Não quero que meus cavalos façam nenhuma dessas coisas. Não quero que lutem contra mim nem que fiquem paralisados pelo medo. É muito importante deixar que o cavalo saiba que não somos predadores; estamos simplesmente assumindo o papel do cavalo dominante.

Você não pode forçá-lo a encarar o medo. Os caubóis antigos costumavam fazer isso. Eles passavam uma corda em volta do pescoço do cavalo e usavam um travão para levantar uma pata traseira, obrigando-o a ficar sobre três patas. Então ele era amarrado com força a um poste no centro do redondel, e uma lona ou manta era jogada repetidamente sobre todo o corpo e as patas. A ideia é fazer o cavalo superar o medo de ser tocado. Isso não o machucava, mas o deixava traumatizado. Ficar amarrado daquele jeito não ensina o cavalo a enfrentar ou superar o medo; só ensina a congelar, como uma presa entrando num estado de choque ao ser devorada por um predador.

Um cavalo que foi treinado desse modo parecerá que se acostumou com coisas assustadoras, mas na verdade só está criando um bloqueio. Pela minha experiência, esse medo não foi embora e voltará para assombrar você mais tarde. O cavalo jamais será realmente digno de confiança. Eu quero que o cavalo possa se afastar livremente quando sentir medo, e o encorajo a fazer isso – sempre deixando que ele saiba que tem uma rota de fuga. Eu gostaria que ele enfrentasse o medo, mas ele pode optar por fazer isso nos seus próprios termos.

Naquele ponto fazia alguns anos que Micah vinha trabalhando com cavalos, mas ele não tinha nenhuma experiência com animais selvagens. Com os sujeitos durões que havia conhecido nas montanhas, tinha aprendido os velhos modos de domar usados pelos caubóis – um processo que ele descreve como "um pesadelo". Dava para ver que ele estava ansioso para aprender um método alternativo. Novamente, fiquei impressionado com sua humildade e interesse em seguir minha liderança. Considero uma característica de um grande líder quando a pessoa consegue reconhecer que alguém sabe mais do que ela e não é orgulhosa demais para aprender.

– Se você aprender a filosofia do cavalo – expliquei –, o resto é apenas dominar a técnica e ajustá-la à sua personalidade.

Balancei minha bandeira e comecei a impelir o cavalo aterrorizado pelo perímetro do redondel. Quando chegava perto do homem grande empoleirado acima dele na cerca, saltava de lado, mas acabava ficando mais perto da bandeira que eu balançava. Ele dava meia-volta e ia para o lado oposto. Quando voltava para mais perto de Micah, eu baixava a bandeira, liberando a pressão. Quando ele girava de volta para mim, eu aumentava a pressão.

– Quero que ele perceba que ficar com você é na verdade o lugar confortável, e não o de pressão – expliquei enquanto o cavalo diminuía a velocidade e passava mais perto de onde Micah estava sentado. – Nós tiramos a pressão quando ele chega perto de você e aumentamos quando ele sai. Com o tempo, queremos que ele sinta que o mundo inteiro representa uma pressão maior do que estar com você. É aí que ele vai sentir a paz.

Se o plano de Micah desse certo, talvez o cavalo também encontrasse o seu propósito. Na trilha, atravessando montanhas e desertos, carregando homens e mulheres inexperientes e talvez lutando contra seus próprios demônios internos, ele encontraria todo tipo de pressão. Meu trabalho era ensiná-lo a aceitar isso e a encontrar a segurança no relacionamento com o humano da sua vida.

Alguns cavalos são feitos para determinados tipos de trabalho, mental e fisicamente. Já tive cavalos que eu queria usar para um serviço e que se mostraram adequados para outro. Com o passar dos anos, gosto de pensar que aprendi a ouvi-los melhor. Esses mustangues sem dúvida pareciam adequados para a tarefa dura e desafiadora de ajudar veteranos a encontrar o caminho de volta para si mesmos. Eu esperava que a intuição de Micah sobre esse projeto estivesse correta.

O mustangue castanho estava cheio de medo, mas também era corajoso e inteligente. Eu podia vê-lo começando a pensar na situação em que se encontrava, em vez de ser apenas reativo. Ele estava percebendo que a melhor opção era ficar com Micah. Estava trabalhando para enfrentar o próprio medo. Se conseguisse fazer isso, seria um bom cavalo para um soldado. Os veteranos que esse cavalo ajudaria no futuro saberiam muito sobre o medo. Seriam treinados para agir diante do terror absoluto, a confiar em seu comandante e a correr em direção ao fogo inimigo quando todos os instintos diziam para fugir. Agora esses veteranos estavam num tipo de batalha diferente. Seus temores eram internos e mais difíceis de ser enfrentados. Mas com a ajuda de cavalos como aquele, talvez pudessem invocar outro tipo de coragem num ambiente selvagem.

O mustangue diminuiu a velocidade para uma caminhada, depois foi diretamente para onde Micah estava sentado.

– Fique imóvel – instruí. – Deixe o cavalo ir até você.

Lentamente Hambone levantou a cabeça e, hesitando, farejou a bota do homem.

– Agora baixe a mão – falei. – Mas não tente tocar nele. Lembre-se: para ele, sua mão é uma garra. É importante deixar que ele toque em você primeiro.

Cautelosamente, Micah se aproximou, e o cavalo encostou o focinho na sua mão coberta pela luva.

Depois de algum tempo, quando o cavalo estava confortável ao lado do homem montado na cerca, encorajei Micah a descer com cuidado e entrar no redondel comigo. A princípio o cavalo se assustou ao sentir a pancada das botas do homem no chão, e eu o impeli para longe, mas ele voltou rapidamente. Encorajei Micah a se abaixar. Ele se agachou na frente do cavalo selvagem, que baixou a cabeça e soltou um enorme suspiro no rosto dele.

– Não é fácil me intimidar – disse ele mais tarde. – Faz um bom tempo que não me coloco numa situação tão vulnerável.

Naquela época, fazia pouco tempo que ele tinha deixado o serviço militar. Ele ainda estava, como diz, "numa mentalidade de predador", sempre pronto para entrar na luta. A tranquilidade necessária para se conectar com aquele cavalo não era familiar para Micah, e era algo que ele sentia que faltava em outros relacionamentos da sua vida também.

Quando decidimos que Hambone tinha feito o suficiente no dia, fomos ver como os outros estavam se saindo. Um treinador tinha escolhido o cavalo mais bonito do grupo – um grande baio atlético que claramente tinha uma genética melhor do que os outros. Ele havia conseguido laçar o cavalo, mas o animal estava resistindo bastante. Os outros se reuniram em volta para assistir à demonstração.

– Você pegou um difícil – falei. – Esse aí vai levar um bocado de tempo.

– Bom, então a gente deveria chamá-lo de Rolex! – sugeriu um dos homens.

O nome combinava com ele. Rolex continuou a lutar na ponta da corda, empinando as orelhas e firmando as patas, recusando-se a se mover. Seu pelo áspero estava escuro de suor, e os olhos, vítreos de raiva. Eu tinha minhas próprias opiniões sobre ele, mas não queria interferir, por isso Micah e eu voltamos ao nosso trabalho. Mais tarde vi que os homens tinham desistido de Rolex e passado para um que parecia mais fácil. Eu perguntei se poderia fazer outra tentativa com o cavalo. Depois de trabalhar com ele no redondel durante um tempo, consegui fazer com que Rolex relaxasse e parasse de lutar. No fim consegui colocar uma sela e montar em seu dorso. Ele ainda precisava de muito tempo, e eu não tinha certeza de que ele estaria pronto antes da primavera para ir à trilha. Mas se pudéssemos colocar Rolex num bom caminho, ele poderia ser tão valioso quanto seu nome sugeria.

Fui para casa, deixando Micah e sua equipe continuarem com o treinamento. À medida que as semanas passavam, Micah progrediu até cavalgar com Hambone e expô-lo a todo tipo de pressão – cargas pesadas, lonas batendo, troncos arrastados com uma corda. Ele se lembrava frequentemente dos três "C" que eu tinha ensinado: calma, confiança, consistência. Os outros mustangues, inclusive Rolex, aprendiam habilidades semelhantes – alguns treinando para ser cavalos de montaria, outros para levar carga. Quando retornei, dois dias antes da partida do grupo, eles tinham percorrido um longo caminho desde quando eram os animais selvagens aterrorizados que vi pela primeira vez no redondel.

Em abril de 2017 Micah e um grupo de outros homens, inclusive vários formados pelo programa, partiram na jornada com 13 mustangues recém-domados. Tinham me convidado a ir com eles, mas eu não podia deixar Jane administrando a fazenda sozinha durante um mês enquanto eu estivesse longe. Durante esse tempo, à medida que a primavera retornava lentamente a Wyoming e eu me preparava para a temporada de verão, eu pensava frequentemente naqueles homens e cavalos, em algum lugar nas trilhas do Novo México.

Mais tarde ouviria as histórias de como eles atravessaram a Divisória Continental a 3 mil metros de altitude em meio a uma nevasca, avançaram através de desertos, ficaram perdidos mais de uma vez e tiveram uma colisão com uma mountain bike que jogou cavalo e cavaleiro para cima de alguns cactos muito espinhentos. Ouvi a história angustiante de como Rolex escorregou numa subida íngreme e foi "catando cavaco montanha abaixo", nas palavras do jornalista e veterano Elliot Woods, um dos membros do grupo.

"Ele terminou de costas, com o pescoço preso sob uma enorme armadilha, os cascos voltados para o céu", lembrou Woods.[9]

Estremeci ao pensar naquele grande cavalo guerreiro numa situação tão precária. Surpreendentemente, Rolex permaneceu calmo e confiante enquanto passavam uma corda em volta dele, puxavam e o empurravam para cima, com nada além de alguns arranhões e um olho inchado para mostrar o que poderia ter sido um desastre completo. Sob pressão, o cavalo tinha realmente mostrado seu valor, assim como todos eles. Mais tarde Micah descreveu aquela jornada, e os meses preparatórios, como uma das coisas mais difíceis que já fizera, uma declaração e tanto de alguém que já tinha sido Navy SEAL. Ele também disse que aprendeu algumas das lições mais valiosas da sua vida, tanto como ser humano quanto como cavaleiro.

Depois de 30 dias os viajantes chegaram ao destino, e os cavalos outrora selvagens eram agora confiáveis parceiros de trilhas, tendo percorrido 800 quilômetros. Woods descreveu a chegada a Roosevelt Lake, perto de Phoenix, Arizona, como um anticlímax – e isso não me surpreendeu. Afinal de contas, o objetivo não era o destino. O propósito é encontrado na própria jornada.

CAPÍTULO DOZE

Mostre o seu outro lado

*Humildade não é se rebaixar ou negar seus pontos fortes,
e sim ser honesto com relação aos seus pontos fracos.*

— RICK WARREN

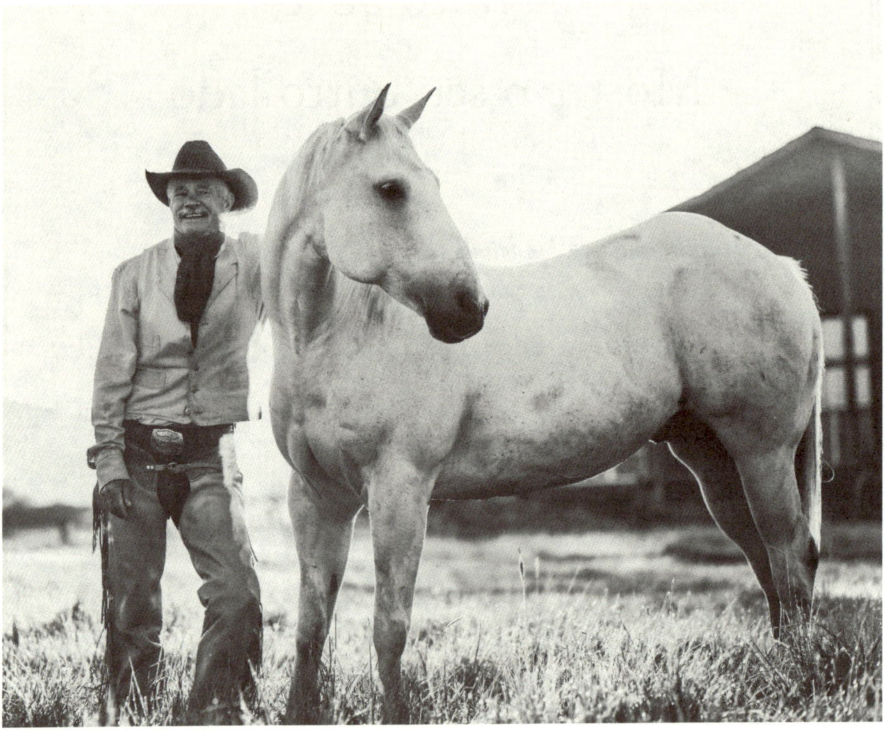

– Não deixe que ele lhe dê somente o lado bom – falei ao adolescente magro que se equilibrava no corrimão do redondel. O cavalo estava perto dele, deixando o garoto coçar seu pescoço e em volta da orelha, mas só do lado esquerdo. – Ganhar de verdade a confiança do cavalo significa que ele vai lhe mostrar os dois lados, e não somente aquele no qual ele se sente confiante e seguro. Ele precisa mostrar o lado em que pode ter sido machucado ou amedrontado.

O jovem garanhão já tinha dado um enorme salto de confiança durante a hora em que estávamos trabalhando. Ele tinha cerca de 1 ano e nunca havia sido tocado por um humano. Eu o encontrara no redondel da morte em um leilão da região e decidi que ele merecia outra chance. Era um lindo ruano vermelho (uma cor que combina pelos castanhos e brancos criando uma surpreendente cor rosada), por isso nós lhe demos o nome de Little Red Wrangler [Vaqueirinho Vermelho]. Decidi que ele seria um bom cavalo para usar numa demonstração que eu faria naquela noite, como parte da comemoração de aniversário de um cliente. Havia cerca de 100 convidados em volta do redondel. Trabalhei com o potro arisco em alguns limites básicos. Depois recrutei uma pessoa da plateia – o adolescente, cujo nome era Lucas – para me ajudar a ensinar o cavalo a aceitar ser tocado.

Usei minha bandeira para impelir Little Red Wrangler pelo perímetro, mas liberava a pressão sempre que ele chegava perto do garoto na cerca. *Facilite a coisa certa e dificulte a errada. Honre a mínima tentativa e a menor mudança.* Logo o cavalo inteligente percebeu que o garoto representava segurança e descanso, e começou a se aproximar dele, depois se permitindo ser tocado. Mas sempre que eu tentava mandá-lo na outra direção e fazer com que ele deixasse Lucas coçá-lo do lado direito, o potro girava. Ele só estava disposto a dar seu lado esquerdo, seu "lado bom".

A maioria dos cavalos tem um lado "bom" e um lado "ruim", um lado forte e um lado fraco. Em geral isso significa que aconteceu alguma coisa com ele no lado ruim – algo doloroso ou assustador que ele não consegue esquecer. Quando os cavalos atravessam fronteiras estaduais é necessário fazer um exame de sangue, e frequentemente os selvagens ou indomados são forçados a atravessar um corredor estreito e contidos o suficiente para enfiarem uma agulha em sua jugular. Para um cavalo como Little Red Wrangler essa pode ter sido a primeira experiência de contato humano – a ponta afiada de uma agulha entrando em seu pescoço. Ele não se esquecerá disso. Pode se acostumar a ser tocado do lado esquerdo, mas continuará se recusando a deixar que alguém chegue perto do seu lado direito. A experiência negativa com a agulha é um gatilho que o faz ter medo de que alguém o toque daquele lado. Isso acaba se tornando um problema quando é necessário ficar atrás dele. Nós sempre montamos no cavalo pelo lado esquerdo, mas é preciso passar a perna por cima, para o lado direito. Se ele ficar com medo quando essa perna surgir em seu campo de visão, você vai acabar no chão.

Talvez pareça estranho que os dois lados de um cavalo possam ser tão diferentes, mas faz sentido quando entendemos como os cavalos enxergam o mundo. Seus olhos são posicionados nas laterais da cabeça, e não na frente, como os nossos. Os seres humanos, assim como os gatos, os cachorros e outros predadores, têm o que é conhecido como visão binocular. Nossos olhos trabalham juntos para criar uma imagem tridimensional, como um par de lentes de binóculo focalizando. Isso é ótimo para focalizar com precisão o que está à nossa frente, uma habilidade importante se você estiver caçando o jantar.

Os cavalos, assim como as vacas, os cervos e outras presas, têm olhos nas laterais da cabeça. Isso lhes dá um campo de visão muito mais amplo – fundamental para evitar predadores. Eles podem enxergar quase 360 graus, com a exceção de alguns pontos cegos. E seus olhos trabalham de modo independente, mandando imagens separadas para os diferentes lados do cérebro (isso é conhecido como visão monocular). É por isso que às vezes um cavalo pode se sentir muito confortável quando você balança uma bandeira do lado direito dele, mas depois leva um susto enorme quando você a muda para a outra mão e de repente ele a vê com o outro olho. É uma experiência totalmente nova. Um lado do cérebro já a viu, mas o outro ainda não, e a percebe como uma nova ameaça. Quando estamos trabalhando com um cavalo, é importante trabalhar igualmente os dois lados – em especial quando ele é mais sensível em um, como Little Red Wrangler.

Ainda que os seres humanos não sejam fisicamente como os cavalos, a maioria das pessoas que eu conheço também tem um lado "bom" e um lado "ruim". Há o lado que queremos mostrar ao mundo – o lado que é confiante e sabe-tudo. E há o lado que desejamos esconder – o lado em que fomos machucados, amedrontados, envergonhados ou feitos de bobo. Não queremos que ninguém veja nem toque nesse lado. Corremos em círculos como o potro, garantindo que nosso lado bom esteja à mostra e evitando situações que possam expor o que não queremos que os outros vejam.

Ao conversar com os jovens que conheço, percebi que hoje em dia essa premissa é ainda mais verdadeira por conta das redes sociais. Todo mundo posta fotos do lado bom, com luz perfeita, compartilhando os pontos altos da sua vida. Mas elas não mostram às pessoas suas dificuldades e seus fracassos. Acho que isso é natural, e todos agimos assim em algum grau. A conta da fazenda no Instagram é cheia de casamentos ao pôr do sol, fotos de ação e cavalos lindos pastando na frente da cordilheira Teton. Não postamos fotos do gado doente do qual precisamos cuidar, das cercas que precisam ser consertadas, da sujeira que precisamos limpar ou dos dias cinzentos e chuvosos. Não imagino que alguém queira ver essas coisas! Mas pode ser difícil sustentar uma imagem e enterrar as outras que também fazem parte de quem somos. Se você passa pela vida escondendo um lado seu, isso pode fazer com que você sinta que ninguém o conhece de verdade.

E também é difícil para as pessoas que estão ao redor. Quando você tem um cavalo que não quer mostrar os dois lados, acaba dançando um bocado em volta dele. Você sabe que o outro lado está lá, mas ele não se dispõe a mostrá-lo, e você fica tentando trabalhar em torno disso. Tenho certeza de que você conhece pessoas assim. Você já esteve numa situação em que todo mundo pisava em ovos ao redor do líder, tentando compensar uma fraqueza ou um ponto cego? Já trabalhou com alguém que se recusava a admitir que estava errado, mesmo quando isso era óbvio para todo mundo? Já tentou ajudar alguém que só mostra o lado bom, fingindo que tudo está bem, quando não está?

Esses relacionamentos são difíceis, seja no trabalho, na família, no casamento ou entre amigos. Costumamos saber quando alguém não está mostrando seu eu inteiro, mas se a pessoa continua desse jeito, é difícil confiar nela. Lembro-me de um CEO que mandou toda a sua equipe à fazenda para um dia de treinamento de liderança, mas ele próprio não veio. Depois da demonstração, mais de uma pessoa observou que era uma pena o chefe não ter vindo – era ele quem mais precisava da mensagem.

Eu diria que, se você só tem um lado bom, provavelmente não consegue manter nenhum relacionamento. E quando ouvimos histórias de líderes que fracassaram, frequentemente parece haver alguma parte deles que estava sendo escondida do olhar público até ser exposta de modo dramático. Claro, não estou dizendo que todos precisamos revelar cada aspecto da nossa vida privada. Mas os líderes nos quais confiamos são os que parecem mais capazes de ser eles próprios – honestos, humildes e transparentes –, seja em público ou em particular.

Lembro que, quando comecei a dar oficinas de treinamento e a fazer demonstrações, sentia uma pressão tremenda para sempre parecer que sabia o que estava fazendo e mostrar transformações dramáticas nos cavalos. Pensava que eu precisava montar e cavalgar o animal o tempo todo, porque é isso que as pessoas querem ver. Elas estavam pagando um bom dinheiro para assistir ao caubói destemido. Mas, à medida que fui ficando mais velho, me peguei hesitando em montar em algum cavalo jovem e selvagem que eu tinha selado pela primeira vez. Depois de vários ossos quebrados, admito que fiquei com mais medo de ser derrubado do que antes. Estou mais velho, mais lento e mais sensível. Além disso, acho que nem sempre os cavalos estavam prontos. Com mais algumas sessões eles teriam aprendido a confiar mais e provavelmente não hesitariam em aceitar um cavaleiro. Eu não era um artista de circo; era um treinador de cavalos.

"Estou aqui primeiro pelo cavalo", dizia a mim mesmo.

Assim, um dia decidi dizer à plateia como eu me sentia. Expliquei que naquele dia não estava tão ansioso para montar no cavalo. Disse que ele não estava pronto, nem eu. Fiz uma piada dizendo que não era tão jovem quanto antes. A voz da minha sábia esposa Jane, dentro da minha cabeça, dizia: "Eles não vieram com nenhuma expectativa, portanto não corra nenhum risco desnecessário. Você não precisa impressioná-los, eles já estão impressionados." Mas para mim era difícil superar a ideia de que tinha algo a provar.

Na verdade, eu não poderia estar mais errado. Depois da demonstração, as pessoas vieram até mim e disseram como apreciavam minha honestidade e que achavam bom eu não ter montado no cavalo. Eu tinha mostrado a eles meu outro lado, e por causa disso elas passaram a confiar ainda mais em mim.

No verão de 2008 recebi na fazenda um grupo que eu sentia uma pressão especial para impressionar. Era um grupo de líderes do Federal Reserve, o Banco Central dos Estados Unidos – literalmente algumas das pessoas mais poderosas do mundo. Era o grupo de hierarquia mais alta com o qual eu já havia trabalhado até aquela ocasião, e eu estava mais nervoso do que o normal. O cavalo que eu planejava usar naquela noite tinha sido emprestado pelo meu amigo Steven Millward, e eu não sabia muito sobre ele. Mas, assim que comecei a demonstração, vi que não seria tranquila. Aquele cavalo simplesmente não reagia como a maioria. Talvez fosse alguma experiência do passado. Talvez ele estivesse captando minha tensão. Qualquer que fosse o motivo, ele tinha se fechado, estava escondendo as emoções e não reagia ao meu treinamento.

"Isso não está funcionando", disse a voz na minha cabeça enquanto eu observava o rosto das pessoas em volta do redondel. Elas pareciam céticas, entediadas e críticas, mas tudo isso podia ser minha projeção. Fiquei tentado a pressionar mais o cavalo, forçar um resultado. Mas sabia que, se montasse nele, tudo poderia dar errado no final. E não queria fingir só pelo show.

"Grant", falei firme comigo mesmo, "continue fazendo a coisa certa e tudo vai dar certo. Diga a verdade a eles."

Liberei o cavalo e me dirigi à plateia:

– Escutem, estou tendo dificuldade com esse cara. Ele tem alguns problemas que eu não entendo direito, e acho que vou precisar de um pouco mais de tempo do que o normal. Vamos fazer uma pausa, vocês podem comer, e depois voltamos com ele um pouco mais tarde.

De repente eles não pareciam mais tão críticos. Senti que tinham apreciado o que eu havia dito.

Depois de jantarem, eles se reuniram de novo em volta do redondel. Em minutos o cavalo simplesmente se derreteu. Baixou a cabeça, sua mandíbula se suavizou, seus olhos começaram a piscar. Ele passou de duro e raivoso a suave e disposto. Foi apenas um vislumbre do cavalo que ele poderia ser, mas bastou para eu me sentir pronto para montar, e ele reagiu com confiança.

Parado junto ao cavalo no fim da demonstração, pensei no que tinha aprendido naquela noite. *Faça a coisa certa e tudo vai dar certo.* Decidi compartilhar essa mensagem com o pessoal do Banco Central. Eles ainda não sabiam das dificuldades que enfrentariam naquele verão. Seria um ano no mínimo desafiador. Eles voltaram outras duas vezes à fazenda nos anos seguintes à crise financeira, e eu fiquei muito mais relaxado nessas duas visitas.

Experiências como esta me ensinaram, inúmeras vezes, o poder de ser autêntico. Um pedestal não é um lugar seguro para estar – quando se está equilibrado lá em cima tentando ganhar respeito, é fácil cair de cara no chão. Você está muito melhor com suas botas na superfície sólida da honestidade e da transparência. Muitos dos melhores e mais amados líderes que conheci e com os quais trabalhei ao longo dos anos comprovam isso. Eles não escondem seus próprios medos, fraquezas e feridas. Eles são vulneráveis. Compartilham seus erros e não são orgulhosos demais para admitir quando estão errados.

"A humildade precede a honra"

Um dos líderes mais impressionantes e autênticos que tive o prazer de conhecer foi um homem chamado Brad Smith. Quando nos conhecemos, em 2018, ele era CEO da empresa de tecnologia Intuit e tinha levado um grupo de funcionários de alto desempenho para uma viagem a Montana, que incluía minha demonstração de encantamento de cavalos. Brad e sua equipe ficaram tão comovidos com a experiência que mais tarde fui convidado a Fort Worth, para trabalhar com outras pessoas da empresa (inclusive CeCe Morken, cuja história contei no capítulo 10).

Uma das primeiras coisas que me impressionaram ao conhecer Brad foi seu forte sotaque da Virgínia Ocidental – não é o que esperamos de um líder de tecnologia do Vale do Silício. Mas é um sinal do seu compromisso com a autenticidade, algo que ele diz que aprendeu com os pais.

– Nem minha mãe nem meu pai tiveram chance de ir para a faculdade – contou ele. – Na verdade, meu pai nem terminou o ensino médio. Mas depois de muitas tentativas e erros ele se tornou prefeito da nossa cidadezinha, um lugar na Virgínia Ocidental com 3 mil habitantes. Assim, num feriado de Quatro de Julho eu fui para casa e estava vendo meu pai fazer um discurso na praça, com todas as bandeiras em vermelho, branco e azul balançando e pessoas sentadas em cadeiras. E naquele discurso ele falou errado umas 12 vezes.

Brad lembra que, quando o discurso terminou, puxou o pai de lado e perguntou se ele estaria aberto a uma pequena crítica.

– Claro que estou, filho – disse o pai.

Então Brad perguntou:

– Por que o senhor fala errado mas sempre corrige quando meus irmãos e eu falamos à mesa da cozinha?

O pai respondeu com outra pergunta:

– Você está tentando me ajudar a ser melhor? Ou está com vergonha?

Brad admitiu que era um pouco das duas coisas.

– Bom, filho – começou o pai. – Deixe-me ajudar você com uma coisa. Esse sou eu. E, se você olhar em volta, muitas dessas pessoas são iguais a mim. E se eles pensam que sou capaz de ser prefeito sem ser perfeito, talvez elas achem que também podem. – Lembre-se – continuou –, as pessoas preferem que seus líderes tenham defeitos. Nós somos nossos piores críticos, mas, se virmos que outra pessoa imperfeita pode alcançar alguma coisa, talvez acreditemos em nós mesmos.

Brad diz que esse exemplo o ajudou a começar a aceitar uma visão autêntica de si mesmo. Mas quando começou sua carreira empresarial, outras pessoas não aceitavam isso com tanta facilidade. Um dos seus primeiros chefes disse que seu sotaque o fazia parecer um caipira e o mandou para um fonoaudiólogo. Outro supervisor, recorda Brad, "disse que ia tirar o 'povão' de dentro de mim". Por sorte isso não funcionou, e Brad aprendeu que aquilo não era um *bug*, segundo as gírias da sua área, "e sim uma característica.

Tornou-se uma distinção, um diferenciador, uma coisa que me ajudou a me destacar". Ele sente orgulho das suas raízes e é firme na crença de que uma das características mais importantes de um líder é a autenticidade. Isso significa mostrar todos os lados de si mesmo, inclusive o lado "povão". Ele não tem vergonha de falar sobre seus defeitos porque quer que eles inspirem outras pessoas.

– Espero que as pessoas olhem para mim e digam: "Uau. Se ele consegue fazer isso e tem tantos defeitos, talvez eu também consiga."

Brad me mostrou o anel de formatura da Marshall University, que ele sempre usa: um presente de Natal dado por seus pais na véspera do dia em que seu pai morreu inesperadamente de um ataque cardíaco, com apenas 58 anos. Isso o faz se lembrar do comprometimento e do sacrifício que eles fizeram para que os três filhos cursassem faculdade e do orgulho deles por esse feito.

– Meus irmãos e eu usamos esses anéis por dois motivos – explicou ele. – Porque tivemos uma mãe e um pai que cumpriram com uma promessa e porque sentimos orgulho do lugar de onde viemos, e isso nos lembra que devemos fazer o mesmo pelos outros.

Um dia ele estava sendo fotografado para uma revista e o fotógrafo pediu:

– Poderia tirar o anel, por favor?

– Por quê? – perguntou Bradley.

– Porque meu editor não gosta de brilho.

Brad balançou a cabeça.

– Sinto muito, o anel não sai.

O anel faz parte de quem ele é.

Conversar com Brad e vê-lo interagir com sua equipe me trouxe à mente uma das minhas citações prediletas da Bíblia: "A humildade precede a honra" (Provérbios 15:33). Ele é claramente um líder que as pessoas honram e respeitam, mas não porque exige isso ou se coloca num pedestal. Pelo contrário, ele me pareceu um homem humilde e despretensioso, ansioso por aprender coisas novas. Além disso, é muito sensível ao tom que estabelece como líder. Quando perguntei qual lição da minha demonstração tinha permanecido com ele, Brad não escolheu uma frase de efeito. Disse que foi o momento em que me ajoelhei no chão na frente do cavalo.

– Para mim, isso realmente definiu a liderança servidora – disse ele. – A ideia de que o papel do líder é não ter medo de demonstrar sua vulnerabilidade e estar a serviço das pessoas com quem trabalha. Isso mudou toda a minha abordagem.

Além disso ele adorou o poema "Sermões que vemos" (apresentado nas páginas 16-17), que eu recitei no fim da demonstração.

– O poema realmente me tocou – explicou Brad –, porque uma das coisas que aprendi quando assumi o cargo de CEO é que de repente você fica 15 centímetros mais alto, suas piadas são mais engraçadas, você fica um pouco mais bonito. Tudo que você faz, tudo que não faz, até suas expressões faciais, sinaliza alguma coisa para a organização, quer você tenha pretendido ou não. Não é o que você diz. O que fala mais alto para as pessoas com quem você trabalha é o que você faz, onde você passa o seu tempo, como reage a uma crise. Aquele momento em que você recitou o poema me fez perceber que minhas ações sempre irão falar mais alto do que minhas palavras, e que eu precisava atender a esse padrão.

Quando Brad decidiu deixar o cargo de CEO em 2018, tive a chance de ajudar sua equipe a homenagear seu líder. Eles tinham alugado os antigos redondéis de Fort Worth e surpreenderam Brad com uma representação da cena de abertura do filme *O rei do show* – com figurinos circenses, acrobatas e até um comedor de fogo. Brad entrou na brincadeira e vestiu a casaca vermelha e dourada do mestre de cerimônias e assistiu ao show, pasmo, junto com vários funcionários da Intuit. Não foi uma festa de aposentadoria comum. O esforço que eles fizeram para homenageá-lo comprovava o amor e o respeito genuínos da equipe por seu líder. Então eles revelaram outra parte da surpresa: uma demonstração de encantamento de cavalos. Surpreso, Brad veio para perto do redondel que montamos, ainda usando a casaca vermelha e dourada que o fazia parecer um soldadinho de chumbo. Apertou calorosamente minha mão e a de Jane e depois ocupou uma cadeira na primeira fila. Cerca de 600 pessoas estavam nas arquibancadas atrás dele. Eu estava nervoso – isso era o mais próximo de um circo em que eu já havia me apresentado. Sabia da quantidade de trabalho duro, de esforço e gastos investidos naquilo, portanto não queria estragar o show.

Bom, vamos lá, pensei. Respirei fundo, abri a boca e comecei a me apresentar, e rapidamente percebi que ninguém conseguia ouvir. CeCe veio correndo e me entregou seu microfone sem fio, e eu recomecei. Trabalhei com uma potra indomada de 2 anos, dando ao público a chance de ver algumas das lições acontecendo: *Facilite a coisa certa e dificulte a errada. Honre a mínima tentativa e a menor mudança. Sempre termine num clima bom.* Depois da demonstração me juntei a Brad no palco para uma "conversa ao pé do fogo". Nos nossos encontros anteriores era ele que me fazia perguntas; agora eu estava feliz porque os papéis tinham sido invertidos, e tive a chance de lhe perguntar sobre alguns dos seus conhecimentos sobre liderança. No meu negócio isso é engraçado: as pessoas me procuram para aprender sobre liderança, mas frequentemente me pego aprendendo muito com elas, em especial com grandes líderes como Brad. Não é uma coisa que eu esperava quando iniciei essa jornada, mas é algo que passei a valorizar profundamente.

Não confunda gentileza com fraqueza

Respondendo à minha primeira pergunta, Brad disse qual era a sua definição de liderança servidora:

– Sempre acreditei que a definição de liderança não é colocar a grandeza nas pessoas, e sim reconhecer que ela existe em todos nós. Nosso trabalho é encontrar um modo de permitir que as pessoas se sintam confortáveis em expressar sua grandeza. Liderança servidora é nos colocarmos a serviço dos outros para criar um ambiente em que as pessoas possam ser elas mesmas, permitindo que descubram a genialidade dentro delas, estimulando a crença e a confiança de que elas são a melhor coisa de que o mundo precisa, e de que tudo que elas devem fazer é ser a melhor versão de si mesmas. E se alguma coisa atrapalhar no caminho, o trabalho do líder servidor é remover essas barreiras.

– Qual foi a maior lição sobre liderança que você já aprendeu? – perguntei a Brad. – Uma pela qual você viva todos os dias.

Sua resposta foram apenas cinco palavras:

– Não confunda gentileza com fraqueza.

Quando pedi que ele elaborasse mais, Brad voltou aos cavalos.

– É como você disse: é possível ser gentil e ao mesmo tempo firme com o cavalo. Você não quer domar o espírito dele. Sim, você precisa estabelecer limites, precisa ser respeitado, mas também precisa ser gentil e deixar o indivíduo saber que está em segurança perto de você.

Esta é outra lição que ele aprendeu com o pai.

– Uma das coisas que ele compartilhou comigo é que podemos ser duros frente aos problemas, à política, aos impostos, qualquer coisa, mas precisamos ser sempre gentis com as pessoas. Não quero pensar que ser um bom líder significa ser agressivo.

Ele também se lembrou de que o presidente da Intuit, o lendário treinador de futebol Bill Campbell, costumava dizer: "Seu título faz de você um gerente; o seu pessoal decidirá se você é um líder."

– Para mim, a maior qualidade de um líder é a humildade – concluiu Brad.

No fim da nossa conversa, Brad recebeu uma linda placa em couro trabalhado à mão que continha alguns dos seus princípios prediletos da minha filosofia. Ele me disse que até hoje ela está pendurada na sua sala, junto com os valores da empresa.

Eu me sentiria honrado em pensar que posso ter influenciado um grande líder como Brad. Mas, para ser honesto, acho que o motivo para minha filosofia tê-lo tocado tão profundamente foi porque ela combinava com quem ele já é. Os princípios que uso para treinar cavalos são muito parecidos com o modo como ele comandava sua empresa, e eles se refletiram na cultura ao seu redor. Eu posso tê-los colocado em palavras de alguma forma, e os cavalos podem ter ajudado a tornar essas lições memoráveis. Mas, no fim das contas, essas ideias não são "minhas". São princípios duradouros que vi em grandes líderes de todas as áreas da vida, além de em grandes pais, professores e treinadores. Aprendo tanto com os líderes que vêm à fazenda quanto eles aprendem comigo. Talvez até mais.

Um grande líder sabe quando entregar as rédeas

Brad se aposentou jovem (se bem que "aposentadoria" é um termo relativo – ele ainda atua como diretor executivo na Intuit). Tinha apenas 54 anos quando decidiu entregar as rédeas.

– Eu sempre disse que a hora certa para me aposentar seria quando ainda tivesse mais perguntas do que respostas. Nunca quis chegar ao ponto em que sentisse ter mais respostas do que perguntas, porque ninguém quer estar perto de uma pessoa assim, e ninguém pode crescer perto dessa pessoa. Por isso quero permanecer curioso.

Além disso ele queria buscar outras maneiras de se inspirar a servir, inclusive criando uma organização sem fins lucrativos, a Wing 2 Wing Foundation, para promover empreendedorismo e oportunidades iguais para todos na região em que nasceu, nos Apalaches.

Participar da festa de Brad me fez pensar em outro dos melhores líderes que conheço, que também está se aproximando da aposentadoria: Freckles. Meu fiel companheiro está com 26 anos e vem liderando sua manada e sendo meu parceiro em demonstrações há mais tempo do que Brad passou na Intuit. Hoje seu pelo é quase todo branco e as costas estão começando a arquear. Quando conheci Freckles, ele tinha 3 anos e sua pelagem era de um cinza-ferro escuro. As pessoas que o conhecem agora não acreditam nisso, até eu mostrar uma foto que está pendurada no celeiro.

Frequentemente me pergunto quando vai chegar a hora da aposentadoria de Freckles. Espero que ele me diga quando estiver pronto ou espero ser suficientemente sábio para perceber. Freckles adora o trabalho e é tão bom que nem sei como vou substituí-lo. Ele não ajuda apenas com as demonstrações para empresas; também adora casamentos. É famoso por enfiar a cabeça nas fotos e tentar roubar a cena dos noivos. Os fotógrafos juram que ele entende suas instruções e poses.

Além disso, é um grande líder para os outros cavalos. Sabe que gentileza não é sinal de fraqueza, e é gentil mas firme com os jovens. A manada é capaz de segui-lo praticamente a qualquer lugar, mas precisa ficar atrás dele, por isso todos estão um tanto lentos ultimamente. As pessoas me perguntam:

– O que você vai fazer quando o Freckles se aposentar?

Respondo:

– Vou me aposentar também!

É difícil encontrar um verdadeiro líder servidor como Freckles, e mais difícil ainda substituí-lo.

Mas, como Brad, ainda não terminei de verdade. Ainda sinto que sou chamado a servir. E estou ansioso pelo dia em que poderei passar a tocha à próxima geração, quando tudo o que construí se tornar uma plataforma da qual meus filhos e netos, e também os de Jane, possam se orgulhar. A eterna beleza da terra em que vivemos nutriu uma geração depois da outra, e acredito que os princípios que ensinamos aqui e o impacto que eles têm na vida das pessoas também durarão mais do que nós. Como a majestosa cordilheira Teton, espero que eles continuem inspirando e elevando, muito tempo depois de eu pendurar as esporas.

Agradecimentos

Sempre terei uma dívida com os grandes cavaleiros com quem aprendi a filosofia e muitas práticas que compartilho neste livro: Ray Hunt, por me mostrar um modo melhor; Tom Dorrance, por sua sabedoria humilde; Tink Elordi, por sua paciência ao trabalhar comigo; David Gonzales, por sua orientação; e William Devane, por me apresentar a Ray Hunt.

Agradeço por ter encontrado uma parceira de escrita, Ellen Daly, com quem foi uma alegria trabalhar e que guiou o projeto com profissionalismo e conhecimento. Ela foi capaz de capturar minha voz e transmitir a essência de cada história. Também agradeço a Jaime Feary, que me ajudou com meu primeiro livro e cuja habilidade narrativa também transparece nestas páginas.

Este livro não teria acontecido sem o meu enteado Luke Long, que defendeu a ideia desde o primeiro dia e foi uma força impulsionadora para torná-lo realidade. Nossa boa amiga Cody H. Carolin tem sido igualmente fundamental, e agradeço seu apoio e suas ideias.

No lado editorial, fui abençoado com uma equipe maravilhosa. Meu agente, Jim Levine, viu o potencial deste projeto desde o início e o guiou com mão firme para uma editora amante de cavalos na Putnam, Michelle Howry, que tem sido sensível e sábia em suas sugestões editoriais. Também apreciei o cuidado e os conhecimentos de Courtney Paganelli, Ashley Di Dio e das equipes na Levine Greenberg Rostan e na Penguin Random House.

A beleza da fazenda sempre atraiu fotógrafos talentosos, muitos dos quais se tornaram meus amigos. Chris Douglas entrou na nossa vida quando estávamos começando o trabalho que fazemos e desde então é parte da nossa vida. Agradecemos sua colaboração para este livro. Uma imagem fala por mil palavras, e não poderíamos pedir uma imagem melhor para a capa original do que a foto impressionante de Andy Bardon. Carly Butler, John Balsom e Hector Perez também capturaram o espírito do meu trabalho através das suas lentes.

Acima de tudo, agradeço à minha família. Meus filhos – Tara, Luke e Peter –, que me fizeram perceber como as lições que aprendi com os cavalos podem se aplicar também à paternidade. Minhas noras, Lauren e Kirby, e meus netos, Atlas e Walter, que me dão esperança e inspiração para o futuro. E minha esposa, Jane, cuja firmeza, insistência e persistência tornaram este livro possível.

Finalmente, minha gratidão mais profunda a todas as pessoas que compartilharam suas histórias nestas páginas e seus cavalos. São as transformações que testemunho todos os dias que me inspiram a continuar fazendo o que faço. Vocês fizeram com que este livro valesse a pena ser escrito, e espero que valha a pena ser lido.

Créditos das fotos

Fotos das páginas 3, 34, 48, 140 e 152, cortesia de Chris Douglas.
Fotos das páginas 20, 112 e 126, cortesia de Andrew J. Bardon.
Foto da página 62, cortesia de John Balsom.
Fotos das páginas 82 e 184, cortesia de Carly Butler Photography.
Foto da página 94, cortesia de Hector Perez.
Fotos das páginas 10 e 168, cortesia do autor.

Notas

1 Edgar A. Guest. "Sermns We See". In: *Collected Verse of Edgar A. Guest*. Chicago: Riley & Lee, 1943, p. 599. Publicado pela primeira vez em *The Boy Agriculturist*, vols. 12-13, Illinois State Training School for Boys, 1919. Tradução livre.
2 Peter Dale Wimbrow. "The Guy in the Glass", publicado originalmente em *The American Magazine*, 1934. Tradução livre.
3 A tradição dos poemas de caubói data de meados do século XIX, quando as pessoas que trabalhavam nas fazendas começaram a escrever, recitar, publicar e apresentar poemas sobre seu estilo de vida. Muitos poemas de caubói foram transmitidos pela tradição oral, por isso existem numerosas variações de obras populares. Eu aprendi esse poema específico com caubóis com quem trabalhei, e o cito aqui como aprendi. A versão original do poema "Get Him Slicker Broke", de Bruce Kiskaddon, foi publicado no livro *Rhymes of the Ranges and Other Poems* (publicado pelo autor em 1947).
4 Jeanne Sahadi. "What Executives Can Learn from a Horse". *CNN Business*, 8 de agosto de 2019, https://www.cnn.com/2019/08/29/success/executives-horses/index.html.
5 Micah Fink. "The Superpower in You". *TEDxBozeman*, https://www.ted.com/talks/micah_fink_the_superpower_in_you.

6 *Ibidem.*
7 *Ibidem.*
8 *Ibidem.*
9 Elliott Woods. "Horse Power: How Wild Mustangs Are Helping Veterans Return to Civilian Life". *Men's Journal,* https://www.mensjournal.com/adventure/how-horses-helping-veterans-return-civilian-life/.

CONHEÇA OUTROS TÍTULOS DA EDITORA SEXTANTE

O Cão Eterno
*Rodney Habib, Dra. Karen Shaw Becker
com Kristin Loberg*

Nossos cachorros estão ficando doentes cada vez mais cedo. Para que possam se manter saudáveis e continuar conosco por muitos anos, cabe a nós fazer escolhas inteligentes em relação aos cuidados gerais, à sua alimentação e à sua rotina.

Neste livro, Rodney Habib e a Dra. Karen Becker nos oferecem as ferramentas necessárias para isso. Eles conversaram com os principais geneticistas, microbiologistas e pesquisadores da área e entrevistaram pessoas de todo o mundo cujos cães passaram dos 20 anos, alguns chegando até os 30.

O resultado é este guia abrangente e sem precedentes, repleto de dados práticos, conselhos inestimáveis e histórias inspiradoras sobre os cães e as pessoas que os amam.

Aqui você encontrará informações e dicas sobre:

- dieta e nutrição, incluindo receitas
- redução do estresse
- predisposição genética de raças ou misturas específicas
- exercícios

A VIDA SECRETA DOS ANIMAIS
Peter Wohlleben

Neste livro, Peter Wohlleben segue o bem-sucedido modelo de *A vida secreta das árvores* e compartilha conosco fascinantes histórias sobre as emoções, os sentimentos e a inteligência dos animais que nos cercam.

Através de casos impressionantes de porcos leais, pássaros que traem as companheiras e galos conspiradores, ele mescla recentes descobertas científicas à própria experiência como engenheiro florestal para mostrar como os animais interagem com o mundo.

Cavalos sentem vergonha, cervos guardam luto por membros do grupo e cabras educam seus filhos. Corvos chamam os amigos pelo nome, ratos se arrependem das más decisões e borboletas escolhem os melhores lugares para seus filhos crescerem.

Você vai ver que embora sejam diferentes de nós de muitas formas impressionantes, eles são, ao mesmo tempo, mais parecidos conosco do que poderíamos imaginar.

A SABEDORIA SECRETA DA NATUREZA
Peter Wohlleben

A natureza é cheia de surpresas: árvores que perdem as folhas no outono afetam a rotação da Terra, certas espécies de aves sabotam a produção de presunto ibérico e florestas de coníferas podem fazer chover. Mas quais processos estão por trás desses incríveis fenômenos? E por que eles são tão importantes?

Neste passeio por um terreno até então insondável, Peter Wohlleben descreve a fascinante interação entre animais e plantas e responde a perguntas que sempre despertaram nosso interesse.

Como os seres vivos influenciam uns aos outros? Diferentes espécies são mesmo capazes de se comunicar entre si? E o que acontece quando esse sistema tão perfeitamente equilibrado perde a sintonia?

Ao apresentar as mais recentes descobertas científicas e tudo que aprendeu em décadas de observação, Peter Wohlleben nos mostra como enxergar o mundo com novos olhos e recuperar o maravilhamento diante da exuberância do planeta.

CONHEÇA ALGUNS DESTAQUES DE NOSSO CATÁLOGO

- Augusto Cury: Você é insubstituível (2,8 milhões de livros vendidos), Nunca desista de seus sonhos (2,7 milhões de livros vendidos) e O médico da emoção
- Dale Carnegie: Como fazer amigos e influenciar pessoas (16 milhões de livros vendidos) e Como evitar preocupações e começar a viver
- Brené Brown: A coragem de ser imperfeito – Como aceitar a própria vulnerabilidade e vencer a vergonha (600 mil livros vendidos)
- T. Harv Eker: Os segredos da mente milionária (2 milhões de livros vendidos)
- Gustavo Cerbasi: Casais inteligentes enriquecem juntos (1,2 milhão de livros vendidos) e Como organizar sua vida financeira
- Greg McKeown: Essencialismo – A disciplinada busca por menos (400 mil livros vendidos) e Sem esforço – Torne mais fácil o que é mais importante
- Haemin Sunim: As coisas que você só vê quando desacelera (450 mil livros vendidos) e Amor pelas coisas imperfeitas
- Ana Claudia Quintana Arantes: A morte é um dia que vale a pena viver (400 mil livros vendidos) e Pra vida toda valer a pena viver
- Ichiro Kishimi e Fumitake Koga: A coragem de não agradar – Como se libertar da opinião dos outros (200 mil livros vendidos)
- Simon Sinek: Comece pelo porquê (200 mil livros vendidos) e O jogo infinito
- Robert B. Cialdini: As armas da persuasão (350 mil livros vendidos)
- Eckhart Tolle: O poder do agora (1,2 milhão de livros vendidos)
- Edith Eva Eger: A bailarina de Auschwitz (600 mil livros vendidos)
- Cristina Núñez Pereira e Rafael R. Valcárcel: Emocionário – Um guia lúdico para lidar com as emoções (800 mil livros vendidos)
- Nizan Guanaes e Arthur Guerra: Você aguenta ser feliz? – Como cuidar da saúde mental e física para ter qualidade de vida
- Suhas Kshirsagar: Mude seus horários, mude sua vida – Como usar o relógio biológico para perder peso, reduzir o estresse e ter mais saúde e energia

sextante.com.br